妈妈向前一小步，孩子向前一大步

史淑梅 ◎著

中国纺织出版社

图书在版编目（CIP）数据

妈妈向前一小步，孩子向前一大步 / 史淑梅著 . --北京：中国纺织出版社，2020.4
　　ISBN 978-7-5180-4809-0

Ⅰ . ①妈… Ⅱ . ①史… Ⅲ . ①家庭教育 Ⅳ . ① G78

中国版本图书馆 CIP 数据核字（2018）第 049997 号

责任编辑：张　宏　　责任校对：王蕙莹
责任设计：师卫荣　　责任印制：储志伟

中国纺织出版社出版发行
地址：北京市朝阳区百子湾东里 A407 号楼　邮政编码：100124
销售电话：010 — 67004422　传真：010 — 87155801
http://www.c-textilep.com
官方微博 http://weibo.com/211988771
天津千鹤文化传播有限公司印刷 各地新华书店经销
2020 年 4 月第 1 版第 1 次印刷
开本：710×1000　1/16　印张：10.25
字数：127 千字　　　定价：36.8 元

凡购本书，如有缺页、倒页、脱页，由本社图书营销中心调换

前言

一位好妈妈抵得上一百所好学校。

古往今来，众多的好妈妈成就了许多伟人，成就了许多成功者。妈妈在创建和谐家庭、促进社会进步方面起着重要的作用。因此，好妈妈给予孩子的不仅仅是物质上的，还有精神上的。她给予孩子健康的体魄，良好的人格；她不但要给予孩子好的生活和学习环境，还要有科学的教育理念，以及科学的教育方法。同时，好妈妈要注重自身的修养，要不断学习，和孩子共同成长。

一个人的性格和修养70％是在家庭养成的，而且主要来源于妈妈的影响。如果将孩子比作大树的话，树枝代表着他的知识与能力，是否茂盛取决于老师的给予和自身的成长；树干代表着与生俱来的身体状况和天赋，是否结实是父母的遗传，和后天的营养、运动；而树根代表的是孩子的性格、品行、思想、素质，这些大多靠妈妈的培养。因此，有俗语说：娶一个好媳妇，幸福三代人。

妈妈给孩子的教育是伴随孩子一生的，让孩子终身受用。

一位外国教育专家曾说："人类的命运操在母亲的手中……教育应当从改造母亲开始。"正是因为这样，妈妈更需要精神上的提升。

妈妈要求孩子做到的，自己首先要做到，例如：诚信、认真、好的生活习惯和行为习惯等，妈妈尽量先做好，然后再要求孩子。妈妈要有端庄的仪态，高雅的气质。首先要注重自己的衣着整齐、端庄得体、干干净净、整洁大方。妈妈不必唠叨，不必要求，孩子会在耳濡目染中学到许多，从而形成良好的行为举止。

现在许多女性，一旦成为妈妈，"领导"的派头就形成了，在孩子面前没有了天真，没有了浪漫，一副冷面孔，这是孩子反感的。作为妈妈，一定要有 8 岁时的天真，18 岁时的浪漫，才能赢得孩子的喜欢，才能伴随孩子的成长，做孩子的忠实朋友。

本书作者给妈妈的建议，不是要求孩子的。也就是说，妈妈只有改变自己，做好自己，成为学习型、智慧型的妈妈，才能成为真正的好妈妈，才能带出好孩子。

妈妈向前一小步，孩子向前一大步。

史淑梅

2019 年 3 月

目 录

第 1 章　一切改变从妈妈开始
没有人是天生的好妈妈　2
孩子不听话，家长要反省　6
你是"专制"妈妈吗？　8
养育孩子一定要带着爱　11
"过度教育"会害了孩子　15
不要拿自己的孩子与人比较　18
做妈妈必须要走出三个误区　23

第 2 章　孩子的优秀不是逼出来的
抛弃不打不成材的传统观念　26
鼓励孩子勇敢做梦　28
谁说孩子就该"唯命是从"　31
不要把分数看得很重　34
不要动不动就体罚孩子　37
教会孩子正确面对困难　41

第 3 章　从"心"开始教育孩子
读懂孩子的心　46
孩子不是妈妈的出气筒　50
多肯定孩子身上的优点　52

教会孩子一视同仁地对待朋友 54
让孩子拥有一颗感恩的心 56
帮孩子剪去过度的虚荣心 60
彼此尊重，不要让孩子怕你 63

第4章 做孩子的好榜样

妈妈的言行会成为孩子模仿的对象 68
请不要欺骗孩子，要遵守诺言 71
正人先正己，妈妈也要勤奋 74
是自己的错，就要向孩子承认 76
教孩子学会分享 78
注意"语言卫生" 80

第5章 放手给孩子一片自由天空

让孩子自由独立成长 84
给孩子一定的自由空间 87
过多干涉会束缚孩子 90
不要总是去控制孩子 94
创造快乐的氛围，让孩子自由成长 98
保留并尊重孩子的"秘密基地" 101
适度约束，自由不是放纵 104

第6章 蹲下身子，跟孩子平等沟通

与孩子沟通，比什么都重要 108
培养孩子的交流兴趣 111
凡事需和孩子商量 116
如何正确表达对孩子的爱 119
沟通要尊重孩子的感受 122

别总是对孩子说"我为了你"　126
这些话最好不要和孩子说　130

第 7 章　好孩子不是"疼"出来的
学会理性地"疼孩子"　136
帮孩子树立良好的金钱观念　139
过于疼爱等于放纵　141
溺爱会伤害孩子一生　143
不要阻止孩子的好奇心　147
培养有担当的孩子　149
拒绝孩子的不合理要求　151
向越位的行为说 No　153

第 1 章

一切改变从妈妈开始

没有人是天生的好妈妈

好妈妈不是天生的。尽管女性都有母性情怀,但是在养育孩子这件事情上,没有哪位妈妈是天才,只有不断完善自己的育儿知识和教育方式,才能真正成为一个好妈妈,成为一个合格的妈妈。

斯托夫人就是一位学出来的好妈妈。她在教育孩子的过程中,不断学习和研究,形成了自己独具特色的自然教育。

斯托夫人有个女儿,名叫维尼夫雷特。在得到《卡尔·威特的教育》一书之后,斯托夫人一边按照威特的教育方法来培养自己的女儿,一边研究自己的育儿方法,取得了非凡的成功。在她的训练下,维尼夫雷特从5岁起就会写诗歌和散文,能用世界语写剧本。维尼夫雷特的诗歌和散文,被刊载在各种报刊上并汇集成书,博得了广泛的好评。

斯托夫人不满足于仅将自己的女儿培养成才,她渴望让世人了解早期教育对孩子成长的重要性。她的"伟大始于家庭"的观念已深入美国的千家万户,并使越来越多的美国家庭从中获益。

斯托夫人明确指出,孩子能否成为杰出人物,完全取决于妈妈施行了什么样的教育。做妈妈的知道这一点是十分重要的,但更重要的是要懂得怎样才能成为一个好妈妈。称职的好妈妈是学出来的,美国《女性生活月刊》

曾经对读者做了一次问卷调查，问他们的妈妈是如何教育他们的，问怎样才能做个好妈妈。最后，他们选取了好妈妈有代表性的八大素养及当事人的相关叙述，列举如下：

1. 读书是关键

在我童年时，我记得妈妈每天都读书给我听，并常常带我去图书馆。我清晰地记得我头一次读书给妈妈听时，她的眼里带着泪花。在我有了女儿欢欢后，我也一直读书给她听——从她出生的那一天起，因为婴儿也爱听读书时那有节奏的声音。我的女儿欢欢是一个好动的孩子，一会儿也坐不下来。但是两岁半时，她每天晚上都要拿两本书放在自己的床边。当她能够复述我给她讲的《棕熊》时，我的眼里也涌出了泪水。

2. 使用神奇的身体接触

当妈妈同我聊天或是当我问她问题时，妈妈总是抚摸我的胳膊、手、肩和头，她时而将我额前的刘海儿梳梳，时而将我的头发拢在耳后。这些动作让我们这些孩子感到被珍视。现在我养育了两个孩子，当他们在我身边走过时，我都要去抚摸一下他们。

3. 不要抱怨

我知道我父母比任何人都努力地工作，以养育我们4个女儿和送我们上大学，但我从来没有听他们说过疲倦或是要我们给予回报。妈妈现在身体不太健康，但她从不把她的健康问题归咎于其他人。

4. 坚持做你认为好的事

作为一个妈妈，她通常知道什么对她的孩子是最好的，就算不合时宜也坚持。比如说，我的妈妈用母乳喂养了她的3个孩子，这在当时并不时髦。人们说母乳的营养不够，但是她不为所动。我赞成她的态度，她坚持做了自己认为最好的事。

5. 停止指手画脚的评论

我妈妈经常说:"不要急于评论其他妈妈是如何养育孩子的,免得在最后,你发现也许你还没有她们做得好。"对于一个家庭正确的东西,对另一个家庭也许是行不通的。因为孩子们有不同的需要和不同的个性,家长也有不同的要求与习惯。只要不存在虐待与冷淡孩子,我们就不要去絮絮叨叨地评价别人家的教养方式。

6. 不要老是坐在电视机旁

我妈妈限制我看电视的时间和电视节目的种类。她常常说童年时光很珍贵,很美好,不要只坐在那"方盒子"前。因此我的童年不仅有电视卡通,还有野外早餐、攀登翠绿的山岗、玩耍和交谈。

现在我也是一个妈妈了,我继承了这种很少看电视与录像的教养方式,结果是我和我的孩子们有更多的时间去阅读、唱歌、烹饪、交谈还有去图书馆。我们家也更安静,没有电视吵吵闹闹的声音。我的孩子们被"强迫"通过看书读报,去发展他们的想象力。

7. 充分享受二人品茶的欢乐

和孩子一起饮茶的作用是相当大的。以前当我神情忧伤地从学校回到家,妈妈总是沏上一壶茶,然后我们边喝边聊。我们在一起的时间没有电视的打扰。在这安静的时刻,我乐于说出心里的任何想法,甚至小秘密。无论是她给我劝告还是只让我去诉说,这都能使我慢慢平静下来。我们现在还保持着这种方式:无论何时,当我看到妈妈有些忧伤时,我都会沏上一壶热茶。现在每当我的两个孪生小女儿与我谈论她们的问题时,也都将有一壶好茶陪伴着我们。

8. 庆幸孩子们的差异

我的妈妈并不对我们强求一致,现在我试着对我的孩子做得更好一些。我妈妈认为:每一个孩子都有独特的能力与兴趣,绝不能统一要求孩子们,应该让他们成为他们自己,帮助他们去发展他们的潜能——无论他们选择了什么道路。最重要的是要记住平等;平等并不意味着给你的孩子们绝对相同的东西,而是给每一个孩子所需要的东西。

读了上述人们心目中好妈妈的叙述,现在你是不是不再迷茫,不再彷徨了呢?知道自己该朝哪方面努力了吧!我们一定要记住,好妈妈是学出来的。只有向优秀的妈妈学习,和优秀的妈妈接触,我们才能变得越来越优秀。

孩子不听话，家长要反省

在家庭教育中，一些父母对孩子的日常行为管束较松，放任自流，而有些父母则管教孩子过于严格，这样既伤害了孩子的心灵，又使孩子产生了逆反心理。这些方法都没有掌握好教育孩子的度，过犹不及，结果只能使孩子变得越来越不听话，越来越不服管教。

教育家孙云晓曾说过："改变教育从改变关系开始，改变孩子从改变父母开始，改变明天从改变今天开始。"这句话强调了在教育过程中，一定要反省自己的教育方式，尤其在家庭教育中，孩子不听话和家长的教育方式有着很大的关系，家长一定要自我反省。

下午放学后，妈妈来接小凌回家，由于孩子还没写完作业，妈妈就在一边和小凌的老师聊起来，除了她每次见到老师必问的老一套问题"小凌这段时间怎么样？""上课表现如何？"之外，妈妈还和老师聊到了孩子不听话的事情："昨天晚上在家吃饭，我有事出去了，回家一进门就闻到一股饭菜味，一看，小凌把饭倒在窗户外边了，您说这孩子怎么就这么调皮？"妈妈一脸无奈的表情。

老师听了妈妈的话说："我问您几个问题，您再想想小凌为什么要那样做。如果她把饭倒在家中的垃圾桶里，您会骂她吗？"

妈妈点点头。老师又问："如果小凌把装剩饭的碗放在厨房里，您看到后会不会说她？"

妈妈再次点点头。"如果她把稀饭倒在窗户外边，您没发现，她还会挨骂吗？"

听了老师的第三个问题，妈妈摇了摇头。最后老师说："您现在该明白她为什么不倒在垃圾桶里，而非要倒在窗户外边了吧？"妈妈不好意思地笑了笑，说："老师您说得很对，我作为家长，不能总是批评孩子，有时候我也应该站在孩子的角度想想。看来我的教育方式有失偏颇，不得不说，我在批评孩子的同时，自己也应该反省一下。"

在现实生活中，像小凌妈妈一样的家长十分常见。在面对孩子的错误时，很多家长总是觉得孩子不可理喻，却往往忽视了自身的原因。

由于认识能力、知识水平和教育思维等原因，一些家长没有把孩子看成一个正在成长的个体，也不知如何培养孩子求知、生存、合作、发展的能力，因此走入了家庭教育的误区，使孩子变得越来越不听话。更令人遗憾的是，一些家长至今也不知道自己的教育方法、教育观念错在何处，甚至还为孩子短暂的听话而暗自得意。

实际上，家长在从孩子身上探究"不听话"的根源时，也要从自身去寻找原因，反省自己的教育方法是否存在误区，对孩子的要求是否合理等，然后用科学的教育方法予以正确引导。这样才能使孩子从"不听话"向"听话"转变，从而达到健康成长、快乐成才的目的。

你是"专制"妈妈吗？

有的妈妈在教育孩子时，会像给下属下达命令一样，这种妈妈就是通常所说的专制型妈妈。专制型妈妈过度相信自己的权威，在家中实行"专制独裁"，把自己的意志强加给孩子，要求孩子必须听从大人的安排。总是希望孩子温顺、听话，却忽略了孩子的感受。

从某种意义上讲，这是一种传统的家庭教育风格，主要强调家长的权威形象，要求孩子听从父母，父母却从不听孩子的想法。对孩子而言，这种方式不仅会伤害孩子幼小的心灵，还会对孩子的身心健康造成不良影响，甚至会使孩子性格发生变化，更有甚者，还会给孩子造成心理疾病。

张禹的爸爸妈妈白手起家，创业的艰难让他们深刻体会到知识的重要性，所以他们把希望寄托在张禹身上。他们对张禹从小要求很严格。尤其是爸爸，自从张禹进入学校，就要求张禹一门心思读书，不能做与读书无关的任何事情。放学回家，不得看电视，除了吃饭，就得在自己的房间里读书，就连周末也不例外。

有一次放学回家，张禹趁爸爸妈妈不在家，偷偷地看电视，正巧赶上爸爸提前回家撞见。爸爸二话不说，将他打了一顿，从此孩子再也不敢看电视，也不敢做其他的游戏，只是按照父母的意愿"一心只读圣贤书"。

爸爸妈妈为这种"高明"的教育方法而暗自得意，有时候还向其他父母传授"秘籍"。但是渐渐地，他们却感觉到孩子不再爱说话，而且在吃饭的时候会发呆，似乎在思索着什么。父母问他在想什么，他也只是轻轻一笑了之，继续吃饭或者吃完饭到自己的屋子里去。

父母感觉有些不对劲，于是开始仔细观察张禹。结果发现他经常会发呆，还经常丢三落四。学校老师也向家长反映，说张禹总是带错课本，上课经常走神，而且不愿和同学、老师说话。于是，父母就带他去看医生。医生检查后认定孩子得了抑郁症，后来治疗了很长时间也没有彻底恢复正常，张禹只好辍学在家养病。

上述案例中，张禹之所以会产生心理疾病，与其父母的专制式教育方法不无关系。的确，一个健康的孩子每天生活在父母的专制与威严下是一件非常痛苦的事情。当孩子受到批评、指责而想要解释时，常常会被"专制"的家长用这样的话打断："你不要辩解了，这没用！""闭上你的嘴！""你又开始撒谎！""你还敢犟嘴！"……在这种情况下，孩子会本能地产生委屈的感觉，进而伤心，怨恨家长。

所以，父母应该主动改变自身的专制态度，具体来说，可从以下几个方面着手：

1. 尊重孩子的想法

当孩子有自己的安排或想法时，应该允许孩子说出自己的看法，与孩子商讨出最佳的计划，切不可强制孩子要做这，不许做那。当孩子与妈妈商量是否可以做某事时，妈妈应该说出自己的想法，让孩子自己决定，并且适当灵活地引导孩子。

2. 勇于跟孩子道歉

当妈妈意识到在孩子面前的错误时，应主动向孩子道歉。如果孩子有理，应该按照孩子的说法做，尊重孩子。

3. 善于聆听

当孩子受到批评、斥责想要辩解时，应该让孩子把话说出来。如果孩子辩解的时机不合适，明智的妈妈不妨对孩子这样说："你有辩解的权利，但是现在我很忙（时间不合适），过后我一定会听你的解释。等我们晚饭后再慢慢谈，好吗？"这样既能够让孩子觉得受到了重视，同时又给了孩子一个反思的时间。

养育孩子一定要带着爱

有人说,"有父母的地方就是家。"这个家不是一间屋子,而是血缘与亲情交融构制的一片天地。还有人说,"父母是儿女的依靠,是儿女人生奋战的大后方。"的确如此,有父母的地方就有温暖,就有爱。

家,是孩子永久的港湾。因为那里有守候着的父母,有父母的爱,爱是家的源头。即使家的位置、家的组成成员会改变,可是家的概念在每个人的心中都不会变——有父母的地方就是家,有家就有爱。

诚然,没有哪个家长不爱自己的孩子。自从父母感知孩子存在的那一刻,便倾注了自己的柔情,全身心地付出,小心地呵护着,吃什么,喝什么,该做怎样的检查……一丝半点都不敢怠慢。

有一个10岁的"兔唇"小女孩,在她的日记中记述了一件很普通的事情——每天晚上小女孩睡觉前,妈妈都会在她的小脸上亲吻一下。她写道:"如果晚上睡觉时妈妈亲亲我,我就会觉得自己像一个小公主似的骄傲,我会高高兴兴地睡觉;可是如果妈妈忙,忘了亲亲我,我就会一直做梦,有时甚至不敢入睡。"

女孩的妈妈无意中读到了这篇日记后心里很不平静。因为孩子生下来即是"兔唇",这给妈妈的心里带来很大的失落感。很多次妈妈都想放弃养育这个孩子，可是看着嗷嗷待哺的孩子，妈妈一次又一次地扪心自问："自己真的舍得吗？"后来在爱人和长辈们的鼓励下，这位妈妈坚定了继续把孩子抚养大的信心。

因为女孩生下来的与众不同，所以，当父母的要比其他父母花费更大的心血和精力去呵护孩子。为了治愈女儿的"兔唇"，夫妻俩四处筹集资金，积极地为孩子治疗。另一方面，当孩子开始接触外界的时候，夫妻俩就开始做好了各种心里准备，接受别人的"嘲笑""惊讶""厌恶""恐惧"等各种表情的洗礼。当孩子稍微懂事的时候，当她接受别人的嘲笑第一次跑回家哭泣的时候，爸爸妈妈便明明白白地告诉孩子："你是我们唯一的非常独特的宝贝，即使你不完美，但是你心地善良、冰雪聪明、活泼开朗，你同其他宝贝一样，也是这世间的精灵，是爸爸妈妈的小天使！"或许孩子还听不太懂爸爸妈妈的话，可是她能体会到父母对她的深深爱意。

这里还有一个故事：

在日本，有一位著名的儿科医生叫内藤寿七郎。有一天，一位妈妈带着两岁的男孩前来找他看病。妈妈说，一升装的牛奶，这孩子一口气就能喝光。因为喝牛奶超量患了牛奶癣，皮肤刺痒睡不着觉，举止焦躁不安。

内藤先生不慌不忙地将白大褂脱下，然后跪在那个男孩面前，看着对方的眼睛。

"你喜欢喝牛奶吗？"内藤先生温和地问道。

男孩点点头。

内藤先生仍然目不转睛地看着他说："如果不让你喝你特别喜欢喝的牛奶，你能忍得住吗？"

男孩显出烦躁和不满的神色，并且把脸扭向一边。

内藤先生并不气馁。他跟着转到孩子面前蹲下身子说："你可以不喝牛奶的，是吗？"不管男孩怎样不耐烦、拒绝回答，内藤先生的目光一直充满着信赖，口气也十分诚恳。

终于，男孩轻轻地点了点头。

奇迹发生了。男孩回家后不喝牛奶了，湿疹症状很快消失。一年半以后，他的母亲认为可以喝点儿牛奶了，可男孩说："大夫说能喝我才喝。"母亲只好请内藤先生来帮忙。

这一次，内藤先生仍然是看着男孩的眼睛，微笑着说："你现在可以放心地喝牛奶了。"从那天起，男孩真的又开始喝牛奶了。

内藤先生通过这件事总结出：哪怕是才两岁的孩子，只要他明白了道理，就能控制自己。于是，他提出了一个响亮的口号："爱的目光足够吗？"这个口号提出至今已经半个多世纪了，现在听起来仍然觉得十分亲切。

可以说，给孩子无私的爱是为人父母之天性，这种爱是培养孩子良好品德和行为的感情基础，没有这种爱，就谈不上对孩子的教育，更难以达到良好的教育效果。然而，父母在给孩子无私爱的同时，应注意以下几点：

1. 父母要有理智、有分寸地关心爱护孩子

父母既要让孩子感受到真挚的爱、家庭的温暖，又要让孩子懂得关心父母和其他家庭成员，并逐步要求孩子做一些力所能及的自我服务性劳动和家务劳动，这不仅有利于培养孩子热爱劳动、关心集体的好品德，而且也有利于培养孩子的智力和自理能力。

2. 父母要正确对待孩子的要求

人都是有需求的，而且是多方面的，往往也是无止境的。对孩子的需求要具体分析，要以家庭的实际经济状况和有利于孩子的身心健康为前提，不能百依百顺，有求必应。过分地满足孩子的需求容易引发孩子过高的欲望，养成越来越贪婪的恶习。一旦父母无力满足其需求时，势必引起孩子的不满，致使难以管教，当其欲望强烈而又得不到满足时，就容易走上邪门歪道。

3. 父母对孩子的要求要适当合理，既要符合孩子实际情况又要利于孩子的身心健康

父母若要求过高，孩子即使经过努力也无法达到，这会使孩子丧失信心，也就起不到教育效果。同时，父母的要求一旦提出，就要督促孩子努力做到，否则就起不到教育效果。

4. 父母要对孩子始终充满期望

父母在任何情况下对孩子都不要轻言放弃。孩子是有差异的。我们的孩子生下来并不是一样的，性别不一样，长相不一样，身高体重也不一样。实际上孩子出生时有很多差别，包括先天神经、大脑类别和气质都不一样。按皮亚杰的认知发展论，儿童认知发展有阶段性与普遍性，认知发展阶段的成长速度是不一致的。因材施教，每个孩子都能成才，父母始终要对孩子充满期望。

当黑暗袭来时，父母无私的爱，恰似不灭的灯塔，给孩子光明；当意志消沉时，父母无私的爱，恰似激昂的旋律，给孩子鼓舞；当烦恼袭来时，父母无私的爱，恰似激越的号角，给孩子力量；当生命面临干涸时，父母无私的爱，恰似大江大河的源泉，给孩子希望。

"过度教育"会害了孩子

人的一生中,教育与个人的发展是息息相关的,尤其是对孩子的教育。但是过度的教育却会危害到孩子的心理,导致孩子越来越不听话。那什么是过度教育呢?过度教育是指教育者所实施的教育超出了孩子的身心成长需求,超出了孩子生理、心理成熟程度及现有知识经验水平。

据有关心理学家和教育家的研究发现,这种"过度教育"对幼儿危害极大,是一种错误的家庭教育方式,很容易引起孩子的不听话。其主要表现有以下几种:

1. 父母的过度保护

父母对孩子的日常生活吃、穿、住、行等方面大包大揽,什么事都不让孩子操心。一般来说,在过度保护下长大的孩子容易以自我为中心,不会考虑别人的感受,而且缺乏家庭和社会的责任感,不懂得自己对家庭和社会要承担的义务。

2. 父母的过度干涉

在日常生活中,无论孩子做什么事情,父母都要询问,而且要求孩子按照自己的想法去办。这样做的结果，就是使原本性格软弱的孩子变得更加没有主见，而原本性格比较倔强的孩子，因为受到父母的压制，则会产生强烈的反抗心理，从而对父母产生反感，与父母对着干。此外，父母的过度干涉有时还会培养出内心暴戾但外表软弱的孩子。如果孩子一旦因某件事发脾气，很有可能做出父母意想不到的事情，这无论是对社会还是家庭，都是一种危害。

3. 父母的过度期望

每个父母都希望自己的孩子能在社会上占有一席之地，因此一些父母会对孩子抱过大的希望，常常自觉或不自觉地给孩子施加压力。而这对于幼小的孩子来说，无疑是一种过度压力。这种压力会使孩子认为自己总也达不到父母的期望，久而久之，孩子的心中就会积累起沉重的压力，进而对生活失去信心。

其实，过度教育实质上是父母过分表达对孩子的爱而造成的，但是往往这种"过分的爱"越强烈，对孩子的伤害越大。父母应该清楚：孩子是一个独立的个体，在成长过程中，也会有自己的独立思想，如果父母一味地干涉孩子的自由成长，孩子的手脚、大脑思维就会被捆住，这样一株天天被压制的小树怎么可能健康成长呢？

有这样一个故事。

从前，有一个狼王，他的王后给他生了一只漂亮的小狼，狼王想要这条小狼继承自己的王位，于是他就希望小狼天天练习捕猎，但是又担心小狼出去被其他动物伤害，所以每次将自己打回来的猎物扔给小狼，让小狼撕咬一番。

有一次，小狼趁狼王不在的时候和另一只狼出去打猎，结果受了伤。愤怒的狼王将另一只狼咬死了。后来，小狼长大些了，狼王让小狼和其他狼一起出去打猎，小狼却再也不想去了。这时狼王再次告诫小狼，自己已经老了，小狼必须使自己强大起来，将来好继承狼王的宝座。但是小狼早就听腻了，他对狼王说："我现在连一只普通的狼都不如，还怎么做狼王？"

狼王老了，失去了昔日的力量，而狼群中出现了更强的狼，他打败了老狼王，统治了狼群，并且将老狼王和小狼逐出了狼群。

这时候老狼王父子俩只好外出流浪，一个无力，一个无能，天天挨饿。老狼这时候想要教给小狼一些技巧，但是小狼却再也不听老狼的话了，因为他根本就不知道怎么去捕获那些活蹦乱跳的小动物。这时候老狼流下了悔恨的泪水。

上述故事中的狼王也许在想：想我英明一世，怎么生出这么个孩子来？他只要听我几句话，就可以捕到食物，可是现在恐怕只能活活饿死了。殊不知，小狼的不听话，正是老狼过度教育的结果。

在我们人类的生活中也是如此，当发现孩子不听话的时候，父母应当反省自己，是不是对孩子的教育"过度"了？如果是，就要马上调整自己，选择适度的教育方法来教育孩子。

不要拿自己的孩子与人比较

"你看小宇比你强多了,一放学就把作业做了!"
"多学学人家小莉,她把自己的房间收拾得那么干净整洁!"
"说你两句你就哭哭啼啼,你啥时候看见小明哭过?"
"人家小兰每周都去游泳,你可好,就知道睡懒觉!"
"小洁回回考试拿第一,你回回考试在班上垫底!"
"真丢人,你怎么老是被老师罚,我怎么没见小越被罚一回!"
…………

当父母看到别人家的孩子优秀,往往会感慨万千,恨不得那个孩子是自己家的。于是,在羡慕的同时,他们就产生了"我家的孩子能不能也像人家那样"的想法。

所以,在日常生活中,很多父母为了激励孩子,总喜欢拿自己的孩子去跟同龄的孩子比较,然后把比较后的结果告诉孩子。殊不知,这种做法非但不能激发孩子的学习动力,促使其积极进取、奋发向上,反而让孩子感到无比痛苦、自卑、委屈和窝火,使他们打心底里厌恶父母,从而严重破坏亲子关系。

数学单元考试的试卷发下来了,刚刚一脸喜悦地回到家里,一踏进房门就兴高采烈地对妈妈说:"昨天我们班数学单元考试,今天试卷就发下来了,您猜我考了多少分?"

"猜不出来,你到底考了多少分?"妈妈问。

刚刚有几分得意地说:"82分,比上次单元考试的成绩高出10分呢。"

"哦,你知道邻居家的涵涵考了多少分吗?"妈妈又问。

"大概是90分吧。"刚刚满脸不高兴地回答。

妈妈似乎并没有察觉到孩子脸色的变化,接着说道:"你这次怎么又比她考得差呢?你还得努力追赶人家才行啊!"

"您凭什么说我没有努力呢?我这次考试成绩比上次提高了10分,老师都表扬我进步了,而您总是不满意,永远都不满意!"刚刚生气了,他提高嗓门冲着妈妈大声地喊起来。

"你怎么这么不懂事,我这么说也是为了你好。你看人家涵涵,每次都考得那么好,哪像你时好时差,也不知道争气。"妈妈喋喋不休地说。

"我怎么不争气啦?您嫌我丢您的脸是不是?人家涵涵好,那就让她做您的女儿好啦,省得您总是唠叨!"说完,刚刚怒气冲冲地走进自己的房间,"砰"地一声把门关上了。

"就知道分数、分数,您关心过我吗?您知道我内心的感受吗?我都烦死您啦!"就这样,母子间的一场隔着门的争吵又开始了。

孩子在学习上有了进步,做妈妈的本应该好好地夸奖孩子一番,让孩子以自己的进步为荣,以后更加自信、努力地去学习。可是,故事中的妈妈却一直无视这一点,她盲目地拿孩子跟别人相比,最后也就严重地挫伤了孩子的自尊心和自信心,让孩子感觉自己事事不如人。长此以往,必然会打消孩子的学习积极性,让孩子整日萎靡不振,同时也让母子之间的关系恶化。

社会心理学家认为,在一个人的心理成长过程中,与别人比较往往具有两种重要的功能:第一是认识自己,每个人都是通过与其他人的父往认识自己,因此,每个人都是以他人作为目标。第二是确立目标,每个人都是在与别人比较的过程里找到自己正确的人生目标、理想和努力的方向。

但是，对于孩子来说，在与人比较的过程中，如果出现不好或者不合理的情况，则容易对他们的心理造成伤害。因此，身为父母，我们要学会欣赏自己的孩子，欣赏他们身上的闪光点，只有这样，孩子才会进步。即便孩子身上有缺点和不足之处，我们也不要拿他们跟别人比较，而是要不断引导孩子"自己跟自己比""今天跟昨天比""这次跟上次比"。

其实每个孩子都有不足之处，某方面不行，并不代表其他方面不行。如果我们经常拿自己孩子的弱项与别的孩子的强项比较，就会使孩子失去竞争或迎头赶上的勇气。除此之外，孩子会认为在我们的眼里，自己总是不如别人，我们似乎喜欢别的孩子更多一点，所以他们会有意做出很多过激行为吸引我们的注意，而我们则会更加认为孩子顽劣叛逆不值得疼爱，最后造成恶性循环，影响亲子关系。

这并非危言耸听。

有心理学家研究表明，总被父母拿来跟别人比较的孩子，往往觉得别人才是好的，自己是差劲的、不被接受的、不被重视的、不被爱的。这样成长起来的孩子，不仅很难接受自己，也很难有耐心去接纳别人的缺点，从而迷失前进的方向甚至往错误的方向发展。他们常常会犯的错误有：把目标设为赢得竞争、超过别人，却不知道自己真正想要的是什么；想办法让别人犯错，把自己的成功建立在别人的失败和痛苦之上；花费太多的时间和精力在挑别人的毛病和差错上，等等。

印度思想大师奥修曾说："玫瑰就是玫瑰，莲花就是莲花，只要去看，不要比较。"是的，每一位父母都必须明白一个事实，那就是：由于家庭背景、成长经历、教育环境等不同，每个孩子的发展速度、认知能力、生活经验、性格特点、学习方式等都是不同的。换句话说，孩子天生就有差别。

所以，我们首先要承认这个差别，然后在孩子原有的基础上去帮助孩子取得自身的进步。只要孩子从我们这儿得到认可、赞赏和鼓励，相信他们一定会变得越来越好，而我们与他们之间的关系也会变得越来越亲密、牢固。

那么，当孩子看到自己与别人有差距时，我们应该怎么办呢？

1. 要看到自己孩子的进步和成绩

每个孩子都有自身的特点和情况，不要总拿别人同自己的孩子做比较，看看谁高谁低，谁好谁坏。家长心态要正确，虽然希望自己的孩子学习成绩更好，做出的成绩更大，但一味地比较，会给孩子造成很大的压力，让孩子总是觉得自己做得不够好、不够多。精神上总得不到鼓励，容易导致孩子信心不足，甚至会造成所有的努力全都崩溃的后果。

当孩子自己爱同别人比较时，家长要告诉孩子：自己是自己，别人是别人，根本不需要一样；过多的比较容易让人迷失方向，找不到自己的位置；只要做好自己，成为最优秀的自己，就是成功的人生。

2. 要让孩子正视自己的不足之处

每个人都有缺点和不足，都有做得不够好的地方。家长既不要否认和掩盖孩子的不足，也不要过分夸大，只看到不足。家长要让孩子知道自己的确有做得不够好的地方，这样他才能更加努力，更加用心去做好。但是，家长要注意说话的方式，不要过分强调和突出孩子的不足之处，你可以说"你的确做得很棒了，要是你再加把劲，将会像××一样优秀！"或"孩子，你确实是进步不小，爸爸真为你感到高兴和骄傲。以后啊，要是你能在××方面再改变一下，就会做得更完美"等。掩盖缺点和不足，骄傲自满，只能导致孩子的停滞和退步，给孩子日后发展带来隐患。过分强调夸大与其他人的差距，也会让孩子丧失自信，缺少进取的精神动力。

3. 要让孩子学会为别人的成绩高兴，也为自己的未来加油

要让孩子拥有博大的心胸。看到别人进步做出成绩时，要真心地为他感到高兴，鼓励和祝福别人继续取得好成绩。如果过分嫉妒别人，势必造

成不良的心态。同时,要告诉孩子,其实他也很棒,要让他多为自己加油鼓劲。只有大家都进步了,都取得了好的成绩,彼此相互激励,共同向前,整个社会才会更加和谐,人类才能获得更大的发展。

做妈妈必须要走出三个误区

在教育孩子的过程中,许多家长都存在这样或者那样的误区。在传统家教观念与新时代的矛盾中,许多妈妈一时也难取舍。其实,有许多教育理念本身并没有什么问题,而是我们自己过度理解消化,使得这种理念出现了异化。当然,也有一些教育观念是家长接纳错误,这是应该摒弃的。

在当下的家教环境中,许多妈妈在对孩子的教育问题上存在这样三种误区:

1. 棍棒底下出孝子

很多家长受传统教育观念的影响,认为只有靠严厉的打骂,才能让孩子懂事。其实那只是让孩子从表面上屈服于家长的武力,而心里根本没有认识到自己的错误,孩子不敢向家长提问,甚至挨了打,若干年之后都不知道为什么,只能是"好了伤疤忘了疼"。很多家长总是会说小孩子"记吃不记打",其实正说明了棍棒教育的失败。

2. 不让孩子受一点委屈

现在多数家庭中只有一个孩子,家长视之如珍宝,放在手里怕丢了,含在嘴里怕化了。在家里自然奉为"皇帝",出去和其他小朋友发生些小矛盾,家长也要出头"护驾",生怕孩子受到半点儿委屈。这样的教育方式很容易使孩子养成霸道或者软弱的性格,而且会使孩子越来越不听父母的教导。

3. 包办孩子的人生

很多孩子刚一出生,父母就为他们"承包"了一切。为孩子储蓄好了房子、车子,又为孩子制订了"十个五年计划":从上什么幼儿园,到上什么大学,做什么工作都安排好了。殊不知这种期望可能使孩子从小就背上了"沉重的负担",严重影响了孩子的身心发展,并且很可能使孩子的性格、心理以及对人生的态度等发生畸变。有些孩子在这包裹之中快乐地生活,在父母的教导中却产生了心理疾病;有些孩子想拼命冲出这"围城",宁愿在尘世中迷惘,也不愿听从父母的"忠言"。

第 2 章

孩子的优秀不是逼出来的

抛弃不打不成材的传统观念

浩浩的妈妈再次接到了老师打来的电话。老师说浩浩又把班里的一个同学打得很严重。

"都是些小孩子,打打闹闹的不也正常吗,呵呵。"

浩浩妈妈故作轻松,向老师解释。

"这次有点严重,学生家长很不高兴,问题在浩浩不承认自己的错误啊。"

老师在电话那头表示浩浩现在的状态有些让人担心。妈妈将放学回家的浩浩叫到了一旁。

"你给我过来!"

"干什么啊?"

"妈妈叫你过来听到没有?哪来那么多废话!"

"可妈妈你为什么看起来是在发火啊?"

妈妈的声调又提高了几个分贝。

"臭小子!老师今天从学校打来电话了,你怎么又打架呀!"

"看不顺眼就打了几下呗。"

浩浩一副满不在乎的样子。

"有话不能好好说吗?"

"是啊，我就是不想好好说！"

"你还敢跟妈妈顶嘴，看来你是不打不长记性啊！"

还未等妈妈举起的手落下，浩浩就一把推开了妈妈的胳膊。

"你看啊，你不也是没事就打我吗？你打就行，我打就不行了啊？"

"我打你并不是因为烦你，而是希望你能变好！"

"别扯了，我都懂！"

从浩浩的立场看来，无论妈妈怎样掩饰，使用暴力就是无法掩盖的事实。从小开始，每当对浩浩的行为看不顺眼的时候，浩浩妈妈就会忍不住打骂浩浩。在这种环境下成长的浩浩看到哪个同学不听自己话时，同样也会动手教训对方。而这种"对话方法"正是妈妈一手"教给"浩浩的。

浩浩妈妈时常这样想："小孩子不打不成材，俗话说'棍棒出孝子'，这都是为了孩子好，无可厚非嘛。"

可开始只要打一下就会言听计从的浩浩，后来打五下也不见得听话。于是，接下来就是十下、二十下……得不断增加打的数量才能管住浩浩。

如果一味通过打骂的方式来纠正孩子行为的话，不仅不会收到想要的效果，还会让父母与子女之间的关系出现裂痕。父母希望孩子通过挨揍能够反思自己的错误，而孩子所能感受到的只有恐惧和痛苦。

这样的关系持续下去，妈妈会越来越觉得自己的孩子是一个"顽固不化""十恶不赦"的家伙，而孩子也将显示出越来越强烈的反抗情绪，最终变成一个同样喜欢使用暴力的"问题儿童"。如果不想亲手葬送自己孩子的前途，请父母们下手打孩子之前不妨先思考一下，除了打骂，自己还能做些什么呢？另外，注意观察周围那些亲子关系融洽的父母是如何处理与孩子之间的关系的，不妨向他们取取经。问题的关键在于，父母们应该抛弃"不打不成材"的传统观念。

鼓励孩子勇敢做梦

人因梦想而伟大，所有的成功者都是杰出的梦想家。

关于梦想，有三种解释：一是梦中怀想；二是空想、妄想；三是理想。尽管梦想虚无缥缈，但人们更倾向于"梦想变为现实就是成功"的说法，也心甘情愿为梦想奋斗终生。人与人之间也因梦想不同、奋斗不同而拉开了距离。

事实证明：梦想可以使我们的人生变得伟大，帮助我们成长、成功。奥普拉说："一个人可以非常清贫、困顿、低微，但是不可以没有梦想。只要梦想一天，只要梦想存在一天，就可以改变自己的处境。"的确，没有梦想的人生是可怕的，正如站在人生的十字路口上，没有方向，不知该何去何从，这是我们成长中经常会遇到的迷茫和困惑。如何改变这种处境，是我们必须要面对和认真思考的问题。如果发现我们的梦想还在沉睡，未曾对我们的人生有任何指引，这样的梦想只能是做梦和空想，没有任何意义。这时我们需要唤醒心灵深处的渴望，将梦想还原现实，变为理想，带领我们寻找未来的路。慢慢地就会发现，因为梦想我们变得伟大。

对一个孩子来说，梦想的种子一旦生根发芽，则对一些庸凡之事不会满足于现状，有追求完美、追求最高境界的欲望。取得一定成绩之后，总有更上一层楼的决心和气魄。这样的人不成功于此，必成功于彼。

古人说，"人无远虑，必有近忧。"孩子如果没有远大的志向，自身的激励因素得不到很好的开发，在成长道路上只能处于被动状态，不是自己向前奔，而是靠父母推着走，缺乏开拓进取精神，这是孩子成长的大忌。

有一年，一群意气风发的天之骄子从哈佛大学毕业了。他们的智力、学历、环境条件都旗鼓相当，在他们即将踏上社会这个最广阔的天地之前，哈佛对他们进行了一次关于人生理想的调查。结果如下：27%的人没有理想；60%的人理想模糊；10%的人有清晰但比较小的理想；3%的人有清晰而远大的理想。

25年以后，哈佛再次对该群学生进行了跟踪调查。结果是：3%的人，25年间，他们朝着一个方向不懈地努力，几乎都成为社会各界的成功人士，其中不乏行业领袖，社会精英；10%的人，他们的小理想不断实现，成为各个领域中的专业人士，大多生活在社会的中上层；60%的人，他们安稳地生活与工作，但都没有什么特别的成就，几乎都生活在社会的中下层；剩下27%的人，他们的生活没有理想，没有目标，过得很不如意，并且常常抱怨社会，抱怨他人，抱怨这个"不肯给他们机会"的世界。

其实，这群学生最初的差别仅仅是：有人有理想，有人没理想，有人理想远大，有人理想很小。25年后，很小的差别形成了巨大的鸿沟。人生因为有了梦，所以才有梦想；因为有了梦想，所以才有理想；因为有了理想，所以才有为理想而奋斗的历程；因为有了奋斗，所以才有了人生幸福。

美国赛车手吉米·哈里波斯的成长经历告诉我们：人可以因梦想而伟大，想要成功首先得是个梦想家。

吉米·哈里波斯很小的时候就有一个梦想，他渴望自己将来能成为一名出色的赛车手。这个梦想一直在他的心里燃烧。几年后，吉米·哈里波斯到了该服兵役的年龄，他到了部队。他对车比较感兴趣，被派去开卡车，这给他以后熟练的驾驶技术打下了坚实的基础。

退役之后，吉米·哈里波斯工作之余一直坚持参加一支业余赛车队的技能训练，只要有机会比赛他都会想办法参加，但一直没有拿到过名次。后来他参加了威斯康星州的赛车比赛，而那场比赛差点要了他的命。原来当赛程进行到一半多的时候，他前面的两辆车发生了相撞事故，他为了避开他们，撞到了车道旁的墙壁上，赛车瞬间就燃烧了起来。当吉米·哈里波斯被救出来时手已经被烧伤，鼻子也不见了，体表烧伤面积达40%，后经医生全力抢救才保住他的命。但是以后他再也不能开车了。

然而，他并没有因此放弃梦想。他决定接受植皮手术，恢复手指的灵活性。手术后，他每天都在不停地练习手指，他相信坚持定能产生奇迹。在经过近9个月的痛苦训练后，他终于能重返赛场了。于是他先参加了一场公益性的赛车比赛，但这次他没有取得名次。接着在后来的一个200英里的比赛中他取得了第二名的成绩。

两个月后，还是在那次出事故的赛场，经过一番激烈的角逐，吉米·哈里波斯最终赢得了250英里比赛的冠军，成了美国最具传奇色彩的伟大赛车手。他坚持梦想的决心也成为鼓舞人们的精神动力。

如果吉米·哈里波斯没有梦想，没有为梦想奋斗的决心，他也就不会有今天的成就，也许还是千千万万个平凡人中的一员，默默无闻。但是他有梦想，不管经历多少挫折他依然不放弃希望，最终成就了他成为最优秀赛车手的梦。吉米·哈里波斯的经历告诉我们：拥有了梦想，就拥有了成功的希望，人生也因梦想的存在而与众不同。

据说，能登上巅峰的只有两种动物——雄鹰和蜗牛。雄鹰凭借其优越的先天条件，翱翔天宇，登上巅峰。而蜗牛呢？这样笨拙微小的动物怎能爬上巅峰？——能，只因为梦想和为实现梦想而迸发出的力量。

鼓励孩子勇敢地做梦吧！有梦想，谁都了不起！

谁说孩子就该"唯命是从"

许多父母希望孩子对自己"唯命是从",而且认为这是孩子听话的表现。实际上这种观点是错误的。有关心理学家认为,一个人的自我意识在3岁时就成雏形了,当人具有了独立意识后,他的思维和行动就会随着意识的变化而变化。如果这时还要求孩子像以前一样按照父母的想法办事,那么这就是一种无形的霸权主义,会使孩子感到压抑,影响孩子的身心发展。所以在对孩子的教育中,父母是不可以让孩子唯命是从的。

此外,强迫孩子唯命是从还会磨灭孩子的主观能动性和创造力,从而妨害孩子智力的发展,使孩子在日后的成长中只知道学习而不懂得创新。这对孩子一生的发展来说,无疑是一个重大的伤害。

小松已经上小学了,但是无论遇到什么事情,都必须问父母,没有得到父母首肯的事情,即便小松觉得是对的,也不会去尝试。一个星期天,妈妈正在洗衣服,洗到一半,洗衣粉用完了,于是妈妈就让小松去买一袋洗衣粉来。小松问道:"要什么牌子的?"妈妈回答:"雕牌的吧。"

结果等了很久,小松才回来,并没有买到洗衣粉。妈妈问:"怎么去了这么长时间,洗衣粉呢?"小松说:"楼下的超市今天没开门,我到远处的商店去买,可是那里没有雕牌的洗衣粉。"妈妈有些生气了:"那你就不知道买一袋其他牌子的吗？"小松委屈地说："您说的是雕牌嘛，谁知道别的牌子行不行呢？"妈妈很生气："我怎么就养了你这么个死心眼儿的孩子？"然后只得亲自出去买洗衣粉。

就在买洗衣粉的路上，妈妈想起了一些事情：

小松小的时候，有一次，妈妈带着他到市场上买菜。当时，妈妈正打算买一只现杀的鸡。小松却说："妈妈，我们买小摊上的烤鸡吧。"妈妈说："那个不卫生，回家咱们自己炖的鸡才干净。"小松可能是很想吃烤鸡，就说："烤鸡有营养。"妈妈觉得小松说得没道理，自己也没法给他解释，于是就不耐烦地说："你懂什么叫营养！妈妈说买活鸡就买活鸡。"

小松快上小学的时候，妈妈比较忙，就让小松自己去买一些铅笔、橡皮等学习用具。可是，小松到了商店后看到了五颜六色的水彩笔，就将所有的钱都买了水彩笔。结果回到家后遭到了妈妈的斥责："你怎么这么不听话，水彩笔能写作业吗？"还动手打了小松，并非常严厉地警告小松：大人让买什么就买什么，不要自己做主。

其实不光是买东西，家里事无大小，妈妈都不让小松做主，总是告诉小松要听大人的话。有时候小松没有按照妈妈的意思做事，虽然做得很好，妈妈也没有去表扬他，但是一旦做得不好，妈妈是一定会责骂他的。就在这一次次的责骂与约束中，小松渐渐失去了主观能动性，最后变成了一个"死心眼儿的孩子"。

妈妈显然也认识到了这一点。回去之后，她拉着小松的手说："对不起，刚才妈妈着急洗衣服，所以向你发火了，是妈妈的不对。"小松低下头没说什么。妈妈继续说："小的时候，你对很多事情的判断不准确，所以妈妈才让你听妈妈的话。但是现在你长大了，很多事情都可以自己做主了。比如今天买洗衣粉，妈妈在家等着用，商店里没有雕牌的，你可以选择一种其他牌子的，对不对？"小松点了点头。

虽然孩子在小的时候经常会做错事情，父母的经验可以帮助孩子少走弯路，但是一味地要求孩子唯命是从，只会让孩子变得唯唯诺诺。

聪明的家长教育孩子时，会给孩子一定的自主权，而自己的作用只是帮助孩子逐渐学会自己走路。如果孩子有什么不合理的想法，让他提出来，然后详细地告诉他其中的错误之处，那么孩子就可以逐渐知道什么是对，什么是错。

不要把分数看得很重

学校公布本学期期中考试成绩。

荣荣刚回到家,妈妈就迫不及待地问:"怎么样?考了多少分?"荣荣一边放书包,一边回过头来说:"妈,还可以,就是……"妈妈脸上的笑容一下子不见了,转身坐到沙发上,打断了女儿的话:"我不要'就是',我的要求是不能低于90分,你只要告诉我结果!"

荣荣显得有些不安了,躲闪着妈妈的目光:"除了数学,都高于90分。就是数学题太难了,我考了81分……那也在我们班的前15名里,我们班还有人不及格呢……"

妈妈火了:"就知道比下面的,没点儿上进心!你们班有没有考90分以上的?"看到女儿轻轻地点了点头,她的声音更是提高了几分:"别人能考90分,你怎么就不能?题太难,别人怎么不觉得难?看来,还是你不努力!告诉你多少回了,要想考上重点高中,就必须得用功,知道吗?每门功课都不能低于90分,平均要95分以上,这就是你的目标,你给我记住了!"

荣荣小声嘟囔着:"不是我说数学难,老师也这么说。我怎么不努力了,连老师都说我进步了……"

妈妈根本不听她的解释："你还狡辩！"妈妈噌地一下站起来，大声地说："我告诉你，我不管题目难不难，也不管老师说没说你进步了，我要看到成绩！就你这也叫进步？差远了！要是考不上重点高中，以后就考不上好大学，那你也就没有什么前途了，知道吗？这个星期六、星期日哪儿都不许去，在家把模拟统考的题目重新做一遍。"

荣荣哭泣着走进房间……

"分儿、分儿，学生的命根儿。"这样的顺口溜正说明考试对学生来说是何等的重要。其中的原因是多方面的：一来我们的国家是个考试大国，具有悠久的历史，以至有人说中国是考试的故乡；二来我们的国家在目前体制之下对人才的选拔主要采用考试的方式进行，在没有找到比考试更合理公正的选拔方式的前提下，考试在相当长的一段时间内具有旺盛的生命力。因此，对于父母来说，一旦将自己的孩子送进学校的大门，就会很少不看孩子的考试分数的。

自然，父母重视孩子的考试分数可以理解，因为分数毕竟是学习状况的一种重要反映。可是，采取如此简单化的做法，只看分数，对孩子的成长会造成很不利的影响。

只看分数，会增加孩子的心理压力和学习焦虑感，从而导致厌学。分数绝不是学生的一切，某一次考试绝不代表孩子学习的全部。可惜父母们往往是望子成龙，望女成凤，急功近利，反而适得其反。父母过分看重分数，无形中给孩子增加了心理压力，导致面对学习的过度焦虑，这种焦虑就是对当前或潜在威胁自尊心的一种过度担忧，严重的就是孩子对某些学科失去信心，导致厌学。

只看分数，会极度挫伤孩子的学习积极性。无论孩子考了多高的分，父母都不会觉得高。当孩子在得到这样的回应后会怎样想呢？孩子会认为，不管我怎样努力，爸妈总是不满意，算了，干脆不学了。

只看分数，不利于孩子与同伴、教师之间形成良好的人际关系，甚至出现人格缺陷。现在，很多人以分数来衡量一个孩子，这个孩子学习成绩好，就是好孩子，学习成绩差，就是差孩子。作为父母，如果只是看分数，可以发现考试分数低的这些孩子，往往是被孤立的，朋友不多，喜欢的人不多，别人谈笑风生，自己却躲在角落。别人讨论题目，这些孩子要故意岔开回避。看到老师，老远就躲起来，要不就装作没有看见一样，长此以往，导致孩子不说话、内向、孤僻、偏激，甚至破罐子破摔。

唯分数的危害是显而易见的，所以，父母要坚决摒弃这种短视的做法。

在此，给妈妈们提出几条建议：

第一，不要给孩子简单地定分数指标，而应在具体指导上下功夫。有些妈妈简单地对孩子说："这次必须达到90分。"这样，只会增加孩子思想压力，解决不了具体问题。应该指导孩子分析薄弱环节，订好计划，改进方法，越具体越好。当然，这些要以孩子主动思考为主，不能强加给他。

第二，要改变看成绩单和谈论分数的方法。父母明白了分数背后有很多因素，就可以改变看成绩单和谈论分数的方法。考试过后，不要天天催问："成绩单发下来了没有？"而当孩子把成绩单给父母看，父母应保持平静的态度，可以说："你主动把分数单给家长看，很好。咱们找个时间具体分析分析这次考试情况，好吗？"如果孩子迟迟不把成绩单拿出来，可以启发他："这次考试应该总结一下，你先考虑考虑，今天或明天晚上咱们一起分析分析。"孩子成绩不好，不要简单责备，而要采取理解的态度："这次没考好，咱们再努力。你自己总结经验教训。什么时间一起讨论讨论？"

第三，要主动找老师联系，请老师分析孩子的学习状况。当孩子学习出现下滑势头时，父母应该主动去请教班主任老师和任课老师，越是找不准孩子学习问题原因的，越要及时找老师讨论，请老师出主意。有的老师分析不透没关系，还可以请教有经验的老师。

不要动不动就体罚孩子

每个孩子都有缺点，都会犯错，孩子就是在不断改正缺点和错误的过程中慢慢长大的。父母在教育孩子时，或多或少会对孩子有所惩罚，但是惩罚孩子必须建立在爱的基础上。

父母可能会想，正是因为对孩子的爱，才会在孩子犯错后给予孩子一定的惩罚，正所谓"不打不成器""棍棒之下出孝子"。在中国的传统观念里，孩子就是父母的财富，是父母的私有财产，对孩子进行打骂或其他处罚是天经地义的事情。一些父母常常因为孩子不听话、贪玩、成绩不好、说错话、做错事等原因，对孩子进行体罚、打骂。

文学家鲁迅曾抨击家庭教育中的体罚现象："父母终日给以冷遇或呵斥，甚至打骂，使他畏葸退缩，仿佛一个奴才，一个傀儡，然而父母美其名曰'听话'。自以为是教育的成功，待到放他到外面来，则如暂出樊笼的山禽，他绝不会飞鸣，也不会跳跃。"这样入木的分析，的确值得父母们重视。

任何一种惩罚方式都不能滥用，否则就不会得到父母所想要的结果。对于体罚也是一样。不同年龄层的孩子，其心理接受能力也不同，很容易因为不当的体罚而造成孩子心理上的偏差，形成不良的心态。

很多父母体罚孩子都是自己暴怒时冲动所为，将气撒在孩子身上，是自己的一种泄愤方式，但并没有达到教育的真正目的，即让孩子明白自己哪些地方做错了，什么应该做、什么不应该做。

小学3年级的秦歌是家里的独生子，家庭并不富裕，父母将心愿都寄托在秦歌身上，希望他能够好好读书，将来改善家里的环境。父母都是普通的工人，他们每天早出晚归，一心想着为孩子多存点钱，能让秦歌上最好的学校，再忙再累，也都不会忘记过问秦歌的功课。秦歌也算是个懂事的孩子，知道父母的辛苦，很多事情自己能做好的都自己做，从不让父母操心。

有一天晚上已经11点多了，秦歌还没有回家。父母担心得不得了，焦急地打电话给学校、老师、同学和亲戚朋友，但他们都不知道秦歌去了哪里。终于在快12点父母打算报警的时候，秦歌开门回来了，妈妈什么都没问，上前拉起秦歌就是一顿打骂，爸爸也在一旁吼着说秦歌太不听话了。

妈妈打得很重，但是秦歌没有哭，倔强地不吭一声。爸爸见秦歌一副傲气的样子，更是气愤，拿起扫帚狠狠地向秦歌打去。直到父母都打累了，坐在沙发上，爸爸才问秦歌为什么这么晚回来。

秦歌依然一声不吭，只是翻开自己的书包拿出一个精致的盒子，里面是一块蛋糕。"我跟蛋糕店的阿姨说，今天是我妈妈的生日，我想买块蛋糕给她吃，可是我没有钱买，我就求阿姨帮帮我。阿姨让我在店里帮她看店，然后送我一块蛋糕，我在蛋糕店守到很晚，阿姨才答应给了我一块蛋糕。"

妈妈顿时泣不成声，爸爸也懊悔地摸着自己头。秦歌将蛋糕端给妈妈并对妈妈说生日快乐，这也是妈妈生下秦歌以来第一次收到儿子送的生日礼物。

每个孩子都很爱自己的父母，他们会对父母撒娇或者哭闹，也是为了得到父母的关爱。

有一些经常受到体罚的孩子，渐渐地学会了看父母的脸色而"见风使舵"，为了掩盖自己的错误而养成了撒谎的坏习惯，而父母在发现孩子撒谎后又是一顿打骂。其实只要我们给孩子正面的引导，对孩子进行诚信教育，在生活中做孩子的榜样，一言九鼎，不要对孩子放空话，孩子自然会心服口服。

父母们是否想过，孩子所犯的过错是有意而为还是无心之过呢？对孩子进行打骂，往往让孩子记住了父母的怒气、凶狠，而意识不到这里面包含了多少父母的爱。有一位母亲找教育专家咨询，说她的孩子大逆不道，应该怎么办。原来她的儿子在做错事之后，她习惯性地打了孩子一巴掌，于是孩子顺手抓起一个茶杯对她扔了过去，差点砸到她的头。她的儿子还对她说长大以后要跟她算账。这位母亲觉得自己非常委屈，对孩子毫无保留地付出，却养出一个不孝之子。

每个打孩子的父母的初衷都是想要教育好孩子，于是期望值就转移到棍棒等体罚孩子的工具上。可是直到有一天，孩子将自己积压的怒火和怨恨都转回父母身上时，也就造成无法挽回的余地了。我们应该遵循孩子的年纪和心理特点，及时了解孩子的心理动向，采用合适的方式与孩子多交流、多沟通，发现问题及时引导。要对孩子动之以情，晓之以理，而不要简单粗暴地进行体罚。

体罚造成的心理问题有很多，最典型的是以下几个：

1. 说谎

做错事时，孩子为了免受体罚，能瞒就瞒，骗过一次就少受一次"罪"；如果谎话被揭穿，父母就会进行更加严厉的体罚，以至于孩子下次做错事后更会说谎，由此形成恶性循环。

2. 孤独

因为自己的自尊心受到伤害，孩子就会怀疑自己的能力，觉得自己不好或者不受欢迎，于是沉默压抑，性格越来越孤僻。

3. 固执

孩子很容易因为父母的体罚而产生对立情绪、叛逆心理，故意与父母作对，于是越来越固执。

4. 粗暴

孩子的模仿性很强，在家里被父母打，孩子也就学会了在外面打别的孩子。可能会有一种"爸爸妈妈可以打我，我也可以打别人"的心理。

5. 懦弱

经常受到父母体罚，孩子见到父母就会感觉害怕，对父母什么都服从，久而久之产生自卑和懦弱的心理。

教会孩子正确面对困难

孩子在做事的过程中，一定会遇到这样那样的困难。假如一遇到困难就打退堂鼓，必定一事无成。只有抱着锲而不舍的精神迎难而上，用意志和智慧去克服一个又一个前进路上的困难，才能到达成功的彼岸。执着地去追求，这就是成功的不变法则。

1925年，在德国一个叫维尔西茨的小镇上，有一位13岁的少年用6支特大的烟火绑在他的滑板车上。然后，他点燃了导火线。烟火的爆炸声顿时此起彼伏，滑板车以极快的速度飞了出去，这位少年也被重重地摔在地上。巨大的爆炸声引来了警察，少年被带到警察局，并受到一顿训斥。

这位少年名叫冯·布劳恩。

布劳恩从小就对天文极感兴趣，他的志向就是能够发明火箭。为了实现这个愿望，布劳恩进行了各种各样的试验，这次异想天开的试验也是其中之一。尽管试验没有成功，但是布劳恩已经尝到了"飞行"的滋味，他决定继续自己的试验。

大学毕业后，布劳恩获得了飞机驾驶执照。接着，他进入大型火箭试验基地，担任技术部主任，开始领导火箭的研制工作。1937年德国的A系列火箭和V-2火箭就是在他主持下研制的。

第二次世界大战后，冯·布劳恩到美国研制火箭。在他领导下研制的丘比特火箭将美国第一颗人造卫星送入太空，"土星"系列火箭则成为登月的核心。

布劳恩成为世界著名的火箭专家，终于实现了从小想要"飞行"的志向。

孩子有梦想是值得鼓励的。面对孩子的梦想，父母一定要慎重，不可轻易否定。父母的轻视或打击往往会导致孩子对梦想的不自信，使孩子轻易变更或放弃自己的梦想。这样一来，孩子浅尝辄止、一蹶不振就变得非常自然了。

"坚持就是胜利"，这句话人人皆知，但真正能做到的却少之又少。由于缺乏耐心和坚忍不拔的精神，很多孩子一遇到困难就会放弃。事实上，凡事再坚持一下，再努力一次，成功就有可能青睐你。我国著名地球物理学家、空间物理学家、动力气象学家赵九章先生从小就懂得"坚持"的意义，也正是因为他凡事坚持、凡事忍耐，日后才取得了巨大的成绩。

赵九章小时候在一家私塾里读书。在他13岁时，由于父母无力继续供他上学，他只好到一家小店铺里当学徒。但是，年少的赵九章并没有因此而放弃学习。他的工作很辛苦，白天根本没有时间学习，老板娘也不让他学习，他只能在晚上不顾一天的劳累偷偷地看书。

然而，赵九章的"秘密"还是被老板娘发现了。老板娘认为赵九章看书耗费了她的灯油，于是破口大骂，并且不允许他晚上再点灯学习。赵九章为了保住工作，只好吹灭了油灯，但脑子里却在想："怎样才能做到既可以看书又不被老板娘发现呢？"

后来，赵九章终于想出了一个十分巧妙的办法。他偷偷地削了几根又细又薄的竹片，把它们弄成一个灯罩似的骨架，然后一层一层地糊上十几层厚而不易透光的纸，做成了一个上尖下圆的灯罩。赵九章在灯罩的一边开了一个小小的孔，从小孔里射出的光线一次只能照亮两三个字，但这对他来说也足够了。就这样，每天晚上等老板娘睡后，赵九章就在小油灯下不断地移动手中的书，坚持读书学习。

老板娘发现自从骂过赵九章以后，赵九章每天都是早早地熄灯睡觉，觉得有些奇怪。一天夜里，她偷偷地爬上阁楼，又发现了赵九章的"秘密"。老板娘大发脾气，把灯罩撕得粉碎，小油灯也拿走了。

夜里没法读书了，赵九章就把书上的定义、公式、定理按顺序剪下来，藏在口袋里，空闲时就掏出来看看，从不松懈。在半年多的时间里，他自学完成了初中的物理学课程。

赵九章的姑姑见他如此好学，决定资助他读书。后来，赵九章考入中州大学附属高中，实现了他的求学梦想。毕业后，赵九章留学德国。数年后，学有所成的赵九章回到了祖国，为我国动力气象学的研究工作开创了新局面。

新中国成立后，赵九章致力于我国地球物理学、空间物理学的发展和海浪的研究，在信风带动力学方面做出了巨大贡献。他是第一个提出"西风带中长波存在着不稳定的现象"的人。除此之外，在其他科学领域，赵九章也做出了很多卓越贡献。

在困难面前，如果没有执着的精神，赵九章完全有可能在老板娘的第一次责骂中就放弃了学习。但是，赵九章没有这样做，而是执着地学下去，并想尽各种办法去克服困难，为自己创造学习的条件。也正因为他能在逆境中执着地学习，他的姑妈后来才愿意资助他继续上学。

由此可见，正确面对困难，拥有执着的精神，不轻言放弃，是成功的秘诀之一。

1. 有意识地让孩子做一些难度较大的事

当孩子出现畏难情绪时，父母要及时鼓励，要让孩子明白，在很多事情上，唯有执着地做下去，才能取得成功。

2. 任何人都有弱点，孩子也是如此

在遇到阻力时，他们经常会选择放弃。因此，父母有必要帮助孩子战胜内心的脆弱。当孩子能战胜自己时，他就有足够的勇气战胜一切困难。

第 3 章

从"心"开始教育孩子

读懂孩子的心

孩子哭闹不止，父母认为孩子是任性，不但不劝慰，反而一顿打骂……

孩子说长大了要开一间世界上最大的玩具店，却被父母斥责为异想天开……

孩子爱画画，却陷入程式化中，父母直摇头，"孩子怎么这么笨……"

类似这样的场景时常发生在我们身边，父母总是抱怨孩子不懂事、调皮捣蛋、没天赋……但父母有没有想过，孩子真的是这样的吗？

有人把教育者比作园丁。在很大程度上说，父母希望孩子早日成才的心情和农民希望庄稼快快成长的心情是完全一样的，可做法却往往不同。

农民日思夜想的是庄稼需要什么，怎样满足庄稼的需要。父母为教育孩子彻夜难眠，有没有想到孩子心灵深处的需求是什么，怎样满足孩子的精神需求呢？

庄稼长势不好时，农民从不埋怨庄稼，相反，总是从自己身上找原因；孩子有缺点时，许多妈妈却一味指责，很少想过自己有没有责任，很少在自己身上找原因。作为家长，你是否真正关注过孩子的内心世界，你是否真正在与孩子一起成长，你是否真正能读懂孩子的需求？

诚然，孩子需要父母的关爱，这种爱不仅仅是给孩子丰富的物质生活，还要求父母进入孩子的内心世界去了解他们,让孩子接受父母。而父母要想被孩子接受,就要选择合适的位置,倾听孩子的心声,了解他们的内心世界。如果父母动不动就居高临下审视孩子一番,或是没头没脑训斥孩子一番,孩子就会在心里对父母产生反感,从而排斥父母。试想,当孩子对父母有了这样的心态,还怎么会听父母的话呢?

有个上初中的男孩说:"我一听到母亲的训斥,心里就烦,恨不得把耳朵堵上,不得不听时,我就在脑子里想别的事情,想一些能让我高兴的事情。有的时候必须边听歌边听他们的'魔音',要不就会控制不住自己,有想摔东西的欲望。"

还有一个小男孩,总结出了"对付"母亲训斥的经验:每次母亲让他站着开始训话时,他就找来两团棉花塞进耳朵里,面对着墙,脑子里面开始神游,一会游到课堂上,一会游到网络游戏里。而当他想到开心的事时,甚至会不由自主地笑出声来,母亲的话,他却一句也没有听进去过。

这样的教育自然是徒劳的。父母不能和孩子进行有效的交流,没有给孩子的心理足够的"爱",不仅不知道孩子的真实想法,反而让孩子与自己成为"敌人"。其实,只要父母多观察、了解孩子的心理特点,就会明白:不是孩子不听话,而是我们不懂孩子的心。

现实社会中,我们每一个人都渴望能和别人平等交流,能有人坐下来认真地听听自己的心里话。而我们的孩子也一样有这种需求,也许我们认为孩子所做的许多事情不尽如人意,也许我们对孩子的有些想法根本就不屑一顾,但请记住,不要对孩子过多的挑剔指责,也不要展现出不屑一顾的表情。否则,孩子就不会和你说心里话。

如果家长不能与孩子在心灵上进行沟通,那么即使掌握了再多教育孩子的知识和方法也是没有用的。反之,家长如果能真正放下架子,走进孩子的内心世界,那么,许多困扰父母的问题也就迎刃而解了。

著名教育家陶行知说过,"我们必须要变成小孩子,才配做小孩了的先生。"他还说,"你不可轻视小孩子的情感!他给你一块糖吃,是有汽车大王捐助一万万元的慷慨；他做了一个纸鸢飞不上去，是有齐柏林飞船造不成功一样的踌躇；他失手打破了一个泥娃娃，是有一个寡妇死了独生子那么的悲哀；他没有打着他所讨厌的人，便好像是罗斯福讨不着机会带兵去打德国一般的怄气；他想你抱他一会儿而你偏去抱了别的孩子，好比是一个爱人被夺去一般的伤心。"在此，陶行知所提倡的，即是父母要走进孩子的内心世界，读懂孩子的心。

那么，父母应该如何走进孩子的内心世界，读懂孩子的心呢？

1. 交流思想

亲子间加强思想上的交流，不仅可以让自己了解孩子的真实想法与真正动机，也可使孩子体会父母的苦心，从而逐步学会为父母分忧解难，学会承担一部分家庭责任。

2. 学会观察

俗话说：眼睛是心灵的窗户，言为心声。孩子的语态、动作，或多或少都可以反映出孩子一定的思想；同时，孩子的课本、作业本、听课笔记本上的涂涂画画也是他们心灵的独白，妈妈可以从中了解到不少信息。更重要的是，妈妈应该有意识地观察孩子经常交往的朋友。

3. 不摆架子

优秀的妈妈往往是因为他们懂得理解孩子内心的真实需要，她们懂得如何尊重孩子，懂得倾听孩子说话的重要意义。妈妈对孩子说话时应该有正向的目的，例如提供知识信息、解决疑难、分享情感、表达自己的意见等。对话时，一定要注意语气与态度，尽可能经常微笑，以欢愉、平和的声音，显示出友善、冷静的态度以达到沟通的效果。

现在，很多妈妈都发出如此感叹：孩子越大，却越不懂孩子了。这也难怪，孩子小的时候，父母处处以一个长者的身份教导着孩子的一言一行，并不曾真正体会孩子的感受。当孩子渐长渐大,父母和孩子只能是越走越远,从而难以把正确的思想和经验传递给孩子,导致教育的失败。但如果妈妈从一开始就能做到和孩子一起成长,那么,她们会发现,在孩子慢慢读懂这个世界的同时,自己也就慢慢读懂了孩子"这部书",走进了孩子的心灵世界。

读懂孩子的心并不难,只要你愿意做有心的妈妈。

孩子不是妈妈的出气筒

株燕一家驱车去拜访爸爸的同事后，正往家赶，但因为妈妈的几句唠叨，车内的气氛十分凝重。

"钢琴弹得好，歌唱得也棒，人家那孩子没有不会的，再看看你，没一项像样儿的本事，还好意思哭？妈妈的脸让你丢尽了！"

"你也不能对孩子要求太过分啊。"

"美娜妈妈真是有福气，老公混得好不说，孩子还那么争气！再看看我，恐怕这辈子只有操劳命啊！"

株燕心想："妈妈怎么总是喜怒无常呢？前不久还说只要学习好就行，其他的东西会不会都无所谓来着……"

然而一家人到家之后，株燕妈妈的火气还没有完全消褪。

"株燕！你这是在干什么啊！脱下衣服不得挂起来呀！你没手没脚吗？妈妈是你的仆人吗？还有，桌子怎么乱成这个样子？还不快去收拾！真是烦人透顶！"

"我过会儿就去收拾。"

"过会儿是什么时候？让你收拾就痛快点收拾，哪儿来那么多废话！父女俩怎么一个样啊？就知道在家里撒野，在外面就是熊包一个！要不怎么人家都升职了,你还是个小职员啊?哎哟,没一个让人省心的,没有啊!"

……………

株燕回到房间后故意调高了音响的声音,因为她只要听到妈妈那"河东狮吼"一样的声音,心脏就跳得厉害。

"唉,又开始了,太可怕了,什么时候才能结束啊?"

因为孩子不会乐器、丈夫没有升迁就觉得自己脸面无存,遭受打击的妈妈们总是无法抑制心中的怒火,却将孩子当作出气筒。而发的火越多,孩子就会变得越来越胆小,这是我们身边经常能够看到的情景。在这种关系中,妈妈是单方面向孩子施加压力的一方,而孩子是单方面承受这一压力的一方,因此妈妈总会处于强势地位。孩子即便知道妈妈乱发火不对,也无可奈何。并且,孩子会觉得自己总是达不到妈妈的要求而整日战战兢兢,变得越来越消沉。

多肯定孩子身上的优点

之前一直很乖的小明最近却几乎天天都会惹出一些麻烦，问他也不说是为什么，犯错也不会承认，弄得小明妈妈十分郁闷。

"你怎么又这样啊？"

"那……那个……"

"快点回答妈妈，是谁先动的手？"

"是……我……我先打的……"

"为什么打人？"

"他……骂……骂我……是……是磕巴……"

听小明的解释，是同班同学江浩欺负小明是磕巴，结果小明一气之下动手打了江浩。小明妈妈在和江浩妈妈进行交涉的过程中，对江浩妈妈那句"你怎么把孩子教育成这样"感到非常气愤，但看到自己的孩子在一旁磕磕巴巴地进行辩解，更是让她感到无比伤心。

"你要是不磕巴，同学们会欺负你吗？你变得聪明一些也不至于受同学们的气啊？像个傻瓜一样说话结结巴巴，也怪不得别人说你是磕巴！"

"我……不……不是磕巴……不是！"

小明大声嚷道。

"你说话着什么急？慢点说不就没事了？再瞧瞧你穿的这副样子，唉，看到你就生气。你说圣诞老人来送礼物时，怎么不把你这种脑子不灵光的家伙从烟囱里带走呢？"

"妈妈……为……为什么……总……总是说我呀？"

"你看你现在这副德行，让妈妈怎么能不说你啊？你不正经学习整天就知道打架！除了打架，什么也不会，真是让人无话可说！"

表面上看，小明妈妈是在指责小明不要做坏事，可实际上小明妈妈的话所产生的效果却可能导致小明错上加错的行为。像小明妈妈这样对孩子进行人身攻击或品德侮辱是很容易导致孩子产生自暴自弃心理的。

"你说你能干点什么像样的事情啊？"

听到这种话还能想到"下次努力"的孩子恐怕不多见吧，反而更容易受到刺激而误入歧途。如果这种恶性循环持续下去，孩子最后将彻底否定自己，认定自己是个无用之人，从而产生破罐子破摔的想法。

妈妈们总是喜欢操心这个，操心那个。相比于找出孩子身上的优点进行表扬，找出孩子的缺点进行批评显得更加容易。妈妈的责备往往是出于想要扶正孩子的心态，但如果表达方式有问题，那么不仅达不到理想的改变效果，反而会给孩子心灵留下创伤。

如果孩子无法得到父母的肯定，就会在对待兄弟姐妹或朋友时心态失衡，做出一些错误的行为，而妈妈对孩子进行否定很容易引发一系列的连锁矛盾。因此请父母们时刻记住，只有积极肯定的态度才能有利于解决孩子身上出现的问题。

教会孩子一视同仁地对待朋友

"金勋,你去哪儿?"

妈妈和金勋一起走在街上,街上的一群孩子向金勋打招呼。看到这一场景,妈妈便盘问金勋。

"都很面生嘛,你认识啊?"

"是我们班的同学。看到那个穿黄色T恤的孩子了吗?她叫喜顺,她爸爸走得早,家里也困难,挺可怜的。"

"是吗?其他孩子呢?"

"那个是游戏高手,我们觉得很难的游戏,他都通关了,他有可能成为职业游戏选手哦。"

"我不是叫你不许和那样的孩子玩吗?"

"为什么?"

"哪来那么多为什么?妈妈说不许就不许!"

金勋用充满哀怨的眼神询问妈妈。

"他们是我最好的朋友,不跟他们玩还能跟谁玩啊?"

"那个谁……对,祯秀,跟祯秀玩呗?学习又好,看起来人也很老实……"

"祯秀不大愿意和我玩,他们学习好的同学才会玩到一起。"

"不管怎样,不许再和现在的这些朋友玩了!"

"可我就是和他们亲近啊,他们对我真的很好……"

妈妈斩钉截铁地说道:"不行!不许和这些朋友鬼混,找一些学习好的同学一起玩才对。'近朱者赤,近墨者黑'你懂不懂?和这样的朋友一起玩只会让你学习越来越差。"

"他们不是坏孩子!"

"你怎么这么不听妈妈的话呀?妈妈给你创造机会,让你交一些学习好的朋友!"

金勋本以为说出喜顺的情况可以博得妈妈的同情,以为妈妈会说:"原来是这样啊,真是可怜的孩子,应该想办法多帮助这样的同学才对。"而且从上幼儿园开始老师就是这么教的,但妈妈的反应却异常冷淡,到底什么才是正确的选择啊?

家长们让孩子选择朋友时往往将成绩放在第一位。他们总是担心自己的孩子交到一些不三不四的朋友,从而走上弯路,或者影响学习成绩。于是,看到那些不满意的朋友就会让孩子与其断绝来往,甚至不惜让孩子一个人玩耍。有时为了阻止孩子,还会采取一些"关禁闭"的手段,巴不得监视到孩子的一举一动。

但与其让孩子自己玩,不如让孩子多交一些朋友。孩子在主动融入集体、主动交朋友的过程当中才能学会应对各种类型朋友的能力,并且渐渐学会如何自我调整。而且,父母应该从孩子小的时候开始教他学会礼让,并且教孩子不应戴着有色眼镜对待朋友。只有学会一视同仁,孩子才能在成长之路上维持良好的人际关系。

让孩子拥有一颗感恩的心

感恩是乐于把得到好处的感激呈现出来且回馈他人的一种表示。它是一种美好的情感,是做人的优秀品德,是一种处世哲学,是生活中的大智慧。一个有感恩之心的人,看待问题不会偏激,想事情不会光顾自己。所以说,感恩是和谐社会的基础,是人与人相互关怀的起点,是道德良性发展的润滑剂。

感恩是一种心态。常怀感恩的人,才能以积极的心态处事;常怀感恩的人,才能不怨天尤人;常怀感恩的人,才能坦然面对一切。有了感恩之心,人与人、人与自然、人与社会就会更加和谐、融洽、亲密,孩子也会因为这种感恩心理而变得愉快和健康起来。

一个懂得感恩的孩子才会更加珍惜、热爱自己的生活。一个懂得感恩的孩子必定有一颗乐观、容易满足的心。英国作家萨克雷说,"生活就是一面镜子,你笑,它也笑;你哭,它也哭。你感谢生活,生活将赐予你灿烂的阳光;你不感谢,只知一味地怨天尤人,最终可能一无所有!"事实也是如此——

有一次,美国前总统罗斯福家里遭窃,被偷去了许多东西。一位朋友闻讯后,忙写信给罗斯福,安慰他不必太在意。

罗斯福给朋友的回信是这样的：

亲爱的朋友，谢谢你来信安慰我，我现在很平安。感谢上帝：因为第一，贼偷去的是我的东西，而没有伤害我的生命；第二，贼只偷去我部分东西，而不是全部；第三，最值得庆幸的是，做贼的是他，而不是我。

对任何一个人来说，遭到盗窃绝对是件不幸的事，但是，罗斯福却不怨恨盗窃的贼。相反的，他还能找出感谢上帝的三个理由。这种感恩他人、感恩生活的习惯让罗斯福在遭遇不幸的时候还是能够保持平和的心态。

反之，一个不懂得感恩的孩子是不可能体味到自己的幸福的：

有一个孩子，他的学习成绩很好。妈妈每天在家里为他端茶倒水，伺候得他如同少爷一般。

有一天早上，妈妈因为忙，忘记给他装水了，结果这个孩子走出门了发现水壶没装水，又返回来，狠狠地对他妈妈讲："都是你害的，害得我要迟到了！"

那位可怜的妈妈愣在那儿，半天没反应过来。直到这时候，她才发现自己的教育出了问题，一个如此不懂得体谅父母的孩子，学习再好又有什么用呢？那天，她终究没有帮孩子倒水，任他一个人又哭又闹，折腾了半天。

这天晚上，一家人围坐在餐桌前吃饭，母亲端上来的却是一盘稻草。全家人都很奇怪，不明白这究竟是怎么回事。

妈妈说："我给你们做了这么多年的饭，你们从来没说过饭菜好吃，从来没说过一句感谢的话，这和吃稻草有什么区别？"

孩子和爸爸都愣住了。

父母对子女的爱是无私的，是不求回报的，然而"施恩不图报"是施恩者的美德，"知恩图报"是受恩者的良知，是对孩子最起码的要求。如果你爱自己的孩子，请不要用"美德"限制了孩子的"良知"，使其与"爱"的本意有所偏离。最终变得越来越自私，不通人情。作为家长，我们有责任和义务教育孩子：不管是谁为你做了什么，都要说声谢谢，家里的亲人也不例外。

那么，我们应该如何让孩子学会感恩呢？专家有如下的建议：

1. 家长要为孩子做出表率

父母是孩子模仿的对象。家长首先要懂得感恩。做父母的，平时无论工作多忙多累，都别忘了在假期带上孩子去看望双方的老人，过年过节、老人生日的时候，和孩子一起为老人选购礼物。用家长关爱他人的言行来影响感染孩子，能起到潜移默化的教育作用。

2. 让孩子从小付出

爱孩子，就应该在你忙的时候，让孩子帮你做些家务；在你累的时候，让孩子为你捶捶背；在适当的时候，让孩子做些力所能及的事。让孩子懂得付出，了解付出的不易，才会心生感激。让孩子从平常的生活小事中感受到你对他的爱，也因此而爱你，在爱中领略被爱。孩子渐渐长大，在遇到困难和挫折时，才会怀有一颗感恩的心。

3. 态度转化为行动

一个小举动，比如一个微笑、一件小礼物、一封贺卡……永远是受欢迎的。当一个孩子在家帮忙把碗盘放好，就是以行动表达了他对家庭与食物的感恩。当一个孩子帮助老师提录音机，就是以行动表达了他对学校与老师的感恩。在节假日，亲手做些小礼物送给亲人朋友，以表感谢之心，这也是学会感恩的一种实际做法。布置感恩作业，每天要孩子完成："今天有无给别人添麻烦？今天是否有进步表现？今天你最感激谁？"目的就是让孩子学会反思，善于发现别人的优点，加强自律，学会对帮助过自己的人心存感激，培养孩子的健康心态，进而塑造孩子的健全人格。

4. 让孩子学会怜悯

让孩子经常注意社会上还有一些没房屋住的丧失劳动力的，或在街上乞讨的人们。在看过他们艰辛的生活以后，对自己舒适的生活又会是另一种体会。让孩子学会尊重他们，怜爱他们，能培养孩子一颗善良、感恩的心。

5. 对孩子感恩的行为要及时给予鼓励

孩子的感恩不仅仅局限在对父母、师长、朋友的感激上，它应该是一种更为广泛的情感。如果你的孩子偶尔表现出对他人的关心和帮助，家长要及时给予鼓励，保护好孩子萌发的乐善好施、助人为乐的意识。有爱心的孩子，才懂得感恩！

帮孩子剪去过度的虚荣心

星期天，小芸和妈妈一起上街逛商店。母女俩走进一家"精品服装店"。小芸一眼看到了一条裙子，兴奋地对母亲说："妈，给我买这条裙子吧。我们班李丽就买了一条，我穿上试了试，特棒！"这是一件品牌服装，但妈妈一听小芸的同学已经有了，便对小芸说："去别的商店再看吧。我给你买一条，比她的那件更好的。"小芸惊叫了起来："太好了！"

妈妈这样说也许不过是出于对小芸的爱，心想我们小芸可不能比别人差，可是这种做法却会误导孩子和别人进行穿戴的攀比，从而助长虚荣心的膨胀。

若仅仅是穿戴方面的虚荣还好，可虚荣往往会扩散到其他方面。有些人有能力，也想取得好成绩，但不肯踏踏实实地学习、工作，吃不起苦，因而只好不择手段地追求荣誉，以获得虚荣心的满足。

说环境影响人，没错。而在环境的营造者当中，孩子的父母是最重要的。若父母也眼红别人，教孩子和人家盲目攀比，那么良性的竞争就变了味。

其实，没有虚荣心的人是没有的。绝大多数孩子的虚荣心属于一般心理现象，不需要干预，关键要进行自我心理调节，战胜虚荣心就行了。这都需要有足够的勇气面对自己。

1. 让孩子喜欢自己

人生最大的悲剧莫过于不能接受自我。由于不接受自己，往往把自尊心和人生价值建立在两个错误的基础之上：一是他人的缺点，二是他人的肯定。当发现自己比别人好，或得到他人的肯定时，就会感到自己很有价值。一旦发现自己不如他人，或失去他人的肯定时，就觉得自己毫无用处。如果能喜欢自己，那么就不会因为自己出身贫寒而自卑，也不会因为自己的普通而忧伤。

2. 让孩子认识自己

要让孩子对自己的优点和缺点有一个客观的认识，既不要过高地估计自己，也不要无视自己的短处。优点和缺点往往是相辅相成的，没有绝对的优点和缺点。如果孩子能客观地认识自己，即使他自己不如别人，或者被人轻视，也能自我排遣，获得心理平衡，不至于用夸张或逃避的方式来保护自尊。

3. 让孩子正确地对待社会差别

社会客观上存在不公平性，轻视弱者、尊重强者也是客观存在的。家庭背景普通的人有时会遭到他人的轻视，如果孩子太在乎这种轻视，就可能会走入与自己过不去的死胡同。

4. 让孩子加强自身修养

大到科学谎言，小到考试作弊，虚荣的背后都是修养和情操问题。屈原说，"善不由外来兮，名不可虚作。"良好的内心修养和高尚情操是遏制虚荣的磐石。有了这块磐石，孩子就有底气托起自尊、自爱、自强、自立，而不去追求虚荣。

5. 让孩子正确对待"名牌"

父母对于孩子的"名牌服装"意识应予以理解，不能因为孩子向往"名牌"服装而加以申斥，硬要其保持艰苦朴素的作风。是否满足孩子的"名牌"要求，要视自己家庭的经济状况而定。俗话说，"吃饭穿衣量家当"，如果家庭经济不十分宽裕，甚至还有些拮据，却硬要满足孩子对"名牌"服装的向往和攀比心理，那就是打肿脸充胖子，自讨苦吃。限于家庭经济情况，可以同孩子商量一个折中的办法，选一套同样好看且适合孩子穿而价格适中的衣服。教育孩子不要盲目攀比追"名牌"，正确认识着装美与内在美的关系。

彼此尊重，不要让孩子怕你

"我们家东东看到他爸回来就立刻老实了，做事小心翼翼，爸爸声音大一点儿他都要打个哆嗦，生怕吃'笋子熬肉'（竹板打屁股）。"——怕父母的孩子。

"我把小胖眼前的巧克力拿走了，他马上开始在地上打滚，哭个天翻地覆，弄得四邻不安，我能怎么办？我只好说：'好好好，我怕你，你要吃多少就吃多少吧'。"——怕孩子的父母。

父母怕孩子或孩子怕父母，是一个问题的两面，是亲子冲突得不到妥善解决的极端表现。

"怕"的孩子可能从此懦弱，性格扭曲，不敢挺直脊梁捍卫自己的权利，也可能暗暗怀恨在心，以不同的方式继续"违法乱纪"，迟早捅出大娄子；"怕"的父母最后往往放弃对孩子的管理，对孩子放任自流，结果孩子和父母都失去自信，彼此埋怨对抗，家庭和生活一团糟。

因此，我们不想吓唬孩子，也不想被孩子吓唬了。我们要跟孩子建立一个正常的人际关系。你爱护他，约束他，指导他；他爱戴你，尊重你，服从你。

要建立一个彼此尊重爱护、理性相待的关系，需要有明确的规矩，彻底贯彻的奖惩制度和成人自我控制、温和而坚定的态度。

1. 给孩子定规矩

很多亲子之间冲突的缘由是家庭中没有清楚明了的规矩。

孩子是需要底线的，有规可循其实会让他觉得安全。就像你开车到十字路口，如果路面上以虚线或实线清晰地标明每条拐弯车道的去向的话，你会觉得少了很多焦虑，多了很多踏实。

但是，定规矩不是你去完全控制和操纵孩子的一举一动的借口。想想看，要是你自己动辄得咎，被人告诉这也不许那也不对，你烦不烦？选择那些基本的、关键的事情来进行约束，这样更容易得到孩子的配合。

每个家庭都有自己的习惯和要求。一些家庭，可能希望孩子吃饭的时候，自始至终稳坐在餐桌旁；一些家庭，可能觉得只有周末才可以看卡通片；一些家庭，则可能不让孩子吃太多冰激凌。将这些你觉得重要的规则列出来，告诉孩子，并解释给他听你为什么需要定这些规则。

需要记住的是，不要将个人的偏见和恐惧强加于孩子。你可能有洁癖，但没必要让孩子不断去洗手；你很爱干净，也没有必要见到孩子趴在脏兮兮的池塘边看鱼就大呼小叫——其实，趴在水边比蹲在水边重心更低，因此也更安全。

2. 以身作则

要让孩子守纪律，你自己要先做一个"遵纪守法"的"好人"。

不幸的是，我们都是凡人，却往往希望自己的孩子不要跟我们一样有太多的欲望和要求。结果，当我们一定要在孩子面前摆出一副圣人样子的时候，往往会付出一些代价。

张妈妈爱吃甜食，但一直给孩子灌输甜食不健康的道理。有一次去澳大利亚度假，在去墨尔木的路上，夜里12点，他们开进高速路边的麦当劳，张妈妈的丈夫买了一杯咖啡，张妈妈自己则要了一只苹果派。孰料灯光惊醒了孩子，张妈妈不得不立刻把苹果派藏起来。等把孩子安顿好重新入睡后，她多年来梦寐以求的热腾腾的苹果派，已经凉透了。

这时张妈妈确实"怕"孩子，她怕给孩子解释不清（因为其实谁不爱甜食啊），怕影响她长期以来企图在孩子面前树立的"拒腐蚀、永不沾"的自我控制的榜样。

好在这样的机会不多。

3. 奖惩分明

规矩定下后，需要贯彻执行。保证规矩有效的方法无非是奖励或惩罚。做对了，奖励。奖励的方式根据孩子的年龄和兴趣来定。对于较小的孩子，可以给他一颗糖、读一个故事，或者周末爸爸妈妈带他去游乐场。稍大一点的孩子可以记一分，一周积累下来，可以跟父母换成钢镚儿去买自己想要的东西（不够的话就存起来，顺便培养了孩子的理财意识）。

惩罚的方式也很多。西方流行的有计时隔离。即把孩子带离犯错现场，根据孩子年龄定时隔离（两岁的孩子隔离两分钟，三岁的孩子隔离三分钟），直到孩子冷静下来。

4. 耐心，再耐心

约束孩子的时候，不要怕麻烦。耐心地给他解释你的动机。一时怕麻烦，简单粗暴地对待孩子，只会带来更大的麻烦。

该吃饭了，孩子玩积木玩得正高兴，你过去一把把房间的灯关了，强迫孩子去吃饭。孩子哇哇大哭，你只好让步；结果下次，如果孩子不想去吃饭，他就会如法炮制，最终把你"打造"成一个怕孩子的家长。

在这样的情况下，你可以先预警孩子："还有五分钟我们就要吃饭了。"

第二次提醒："还有三分钟了。"

如果孩子的"工程"确实正处于紧张阶段，你不妨让步一点点："哦，你的塔就要修好了，我多给你两分钟，你把塔修好就过来好吗？"或者："这个塔好漂亮,我跟大家说小心别碰到它,你先过来吃饭好吗?过会儿妈妈陪你一起搭。"

不要武断地干预孩子的活动或剥夺孩子的活动权利。当孩子醒悟过来你不过是在为自己的方便找借口时,他对你定下的规矩以及你对规矩的执行都会产生怀疑。

最后,你需要保持温和、坚定的态度及持续的耐心。

第 4 章

做孩子的好榜样

妈妈的言行会成为孩子模仿的对象

曾经有个男孩，满口脏话，经常欺负女孩子，甚至对女老师也很不恭。他的母亲也多次来校向老师哭诉这孩子如何对她无礼。老师虽然多次教育，但收效甚微。那么原因究竟在哪里呢？直到有一天老师去家访才恍然大悟。

那天，开门迎接老师的是孩子的父亲。老师随口问了声孩子母亲在哪里。这位父亲却轻蔑地说："还瘫在床上呢，死猪婆！"当着孩子和外人的面，父亲如此侮辱自己的妻子，孩子怎么可能学会尊重母亲和他周围的女性呢？

缺乏教养的孩子，并不是由于父母不曾教养，事实上，他们受到父母的打骂可能更有甚于别的孩子。只是这种拳打脚踢的粗暴方式毫无意义。由于父母本身缺乏教养，以致教育儿女时打骂的方式，也变成了孩子没有教养、缺少自律的训练。因为父母是孩子的镜子。

有的父母因为不懂自律，教育儿女时也往往不能言行一致、以身作则。孩子们缺少优秀的模仿对象，只看到父母在他们面前放肆自己的言行。这种缺乏教养的行为如何使孩子信服、尊重？如果做爸爸的老是打骂妈妈，那么做哥哥的打骂妹妹又有什么关系？父母再三告诫孩子不可以闹情绪，却控制不了自己的情绪，叫孩子何以适从？这时父母再教育孩子，孩子会说，你自己就这样，无权管我。

一天，兵兵的妈妈下班回来后非常生气地说："这个小刘真是岂有此理！今天公司查账，发现了一个问题，原来她把前面的一个数据弄错了，害得我也跟着错了。结果我们两个一起受到了单位的通报处罚，罚了我1个月的奖金呢。"

兵兵虽然不明白是怎么回事，但从妈妈的表情上，他知道妈妈受了委屈，不禁也暗暗埋怨起妈妈口中的小刘，还小声嘟囔道："我再也不到刘阿姨家玩了。"

兵兵的爸爸看到这种情况，坐在妈妈的身边安慰道："你先消消气，小刘被罚了多少？"

"两个月的奖金。"

"看来小刘比你惨多了。小刘比你工作时间短吧？"

"是啊，她来单位才半年，我干了都3年多了。"

"那你是她的老师，是领导喽。"

"对，我一直带着她干。"妈妈脸上此时露出了一点得意之色。

"那么，小刘犯一点错误也是应该理解的，谁不会犯错呢？况且她损失了两个月的奖金，心里更不好受。你作为她的领导应该替她想想，虽然主要责任在她，但你这个领导也是监督不力啊。"爸爸小心地说。

妈妈沉默了一会儿说："也对呀。下班的时候，我看小刘都哭了，我得给她打个电话。"

在电话里，妈妈安慰了小刘很长时间。放下电话，妈妈心情好了很多。

这一幕，兵兵都看在了眼里，等妈妈打完电话，他不禁关心地问妈妈："妈妈，刘阿姨还伤心吗？"

这个故事告诉我们一个道理：孩子会不会为别人着想，往往取决于父母。因为孩子的爱心是通过自然而然的模仿、潜移默化的渗透而逐渐形成的，是一个从外在至内在、从量变到质变的发展过程，如同春雨般"随风潜入夜，润物细无声"。在这个发展过程中，家庭是最重要的爱心培育基地，父母是最直接的爱的播种者。

可以毫不夸张地说一句，孩子的品行都是父母带出来的。作为家长，如果我们希望自己的孩子充满爱心，懂得替人着想，那就要以身作则，率先垂范，只有这样，我们才能让美德潜移默化地根植在孩子的心底，成为孩子的习惯。

有一个成语叫作"近朱者赤，近墨者黑"。家长们最好想一想，谁和孩子在一起的时间最长。天下的父母们，要培养好孩子，你自己得先当好父母。父母要当孩子的楷模，要从现在开始永远做正直文明的人，那么孩子也会随着你做一个正直文明的人。

请不要欺骗孩子，要遵守诺言

一天，家里来了客人，妈妈不知从哪儿翻出一袋糖招待客人，女儿小敏也借光尝到几块。

第二天，小敏还想吃糖，就去找妈妈要。

"妈妈，我想吃糖。"

"已经吃完了。"妈妈说。

"骗人，昨天还有那么多。"

"真的没了。昨天那两位阿姨都吃光了。"

小敏没说话，后来她在抽屉里却找到了糖。

孩子是不容欺骗的。想必曾子为子杀猪的故事你并不陌生。曾子的妻子为摆脱孩子的纠缠，哄骗儿子：回来给你杀猪吃，后来她却并未当真。而曾子却持刀把猪杀掉，告诉妻子说到就要做到，孩子不容欺骗。想想我们的家长，为了让孩子顺从，说过多少"美丽"的谎言！

其实，怕孩子多吃甜食可以让他限量，给他讲讲为什么不能多吃甜食，孩子也会自觉遵守。何必非要欺骗孩子，让他产生反感呢？而且他很可能学会你这种伎俩。

对孩子极为不利的另一种撒谎形式，是威胁孩子要惩罚他，却不真的履行。没有极好的理由就不要威胁，若已经坚持，就要继续下去。如果你威胁说要惩罚，就要做好惩罚的准备。当然，以令人恐惧的事进行威胁是首先要禁止的。

我们都希望孩子正直、公正、坦率和自重。对一个优秀的人来说，内在的自重和正直是必不可少的。父母要努力使孩子在思想上和言语上诚实，因为，在世界的存亡攸关中比财富和声望更重要的东西，就是诚实。

家长们，教孩子诚实，也请以身作则。

"小仁，我和你讲了许多次要遵时守约，否则会浪费别人的时间，也给别人留下不好的印象，你难道不这样认为吗？"妈妈教训儿子。

"的确不好。不过，也没有什么大不了的。"小仁说。

妈妈有些生气了："怎么能说没什么大不了呢？你养成这样的毛病，长大后会怎样呢？还有谁会信任你呢？"

看见妈妈生气，小仁也有些沉不住气了："您是大人了，不是也过得很不错吗？没见你有什么麻烦呀？"

"你是什么意思？"妈妈不懂怎么话题扯到了自己身上。

"好几次你答应来参加我们学校的活动，我都告诉老师你会来，可到活动结束都不见您人影。"

"那是因为我工作上临时有事情，而且那些活动也不是非参加不可……"妈妈注意到儿子不屑的甚至有些讥讽的表情，尴尬地停住了，不知该如何收场。

像例子中不遵守承诺的父母并不在少数。他们把这种言行传给了孩子，却还在为孩子的言而无信感到困惑。

如果父母有时确实不能遵守承诺，违约，那么请向孩子认错或道歉。这也是在为孩子树立榜样。

有一位父亲，他是个球迷，有球赛必看，但孩子也会跟着看，经常因为看电视影响了休息。他便和孩子订了个条约：每周只许一、六、日看电视。当时正值世界杯足球大赛，这位球迷父亲心驰神往，就违约看了一次电视，被孩子抓住了。但这位父亲很开通，主动向孩子承认错误，并说到做到，再也没违约过。孩子信服了爸爸，自己也不再吵着看电视。

这个故事说明，父母主动承认错误起码有两点好处：一是有利于自身的道德修养，二是有利于亲子之间的关系融洽。一举两得，何乐而不为呢？

孩子与你之间之所以关系紧张，彼此之间的不信任是一个很大的因素。作为父母，首先应积极地去改变这种不信任的状况，以自己的行动去重新赢得孩子对自己的信任。要得到一个人的信任，信誉是关键。如果平时父母说话不算话，朝令夕改，那么孩子就会以其人之道还治其人之身，也会虚与委蛇，口是心非。

所以父母一定要以身作则，以诚信换取孩子的信任。

正人先正己，妈妈也要勤奋

小宛行为懒散，不爱学习，一见书本就头痛，只喜欢一边吃瓜子一边看电视，这真是气坏了她的爸爸妈妈。可不知道教育过她多少回了，小宛还是一副依然故我、不以为然的样子。

"小宛啊小宛。"妈妈的语气都有些颤抖了，"你不好好用功学习，以后可怎么办啊？你什么时候能老老实实地看会儿书！"

小宛被训烦了，冲妈妈嚷道："你和爸爸成天连班都不上，通宵玩麻将，还说我！你们不努力工作，凭什么我要好好学习？"

这下，爸爸妈妈可蒙了……

若家长们要求孩子有毅力，自己却天天依恋暖暖的被窝不肯起床；要求孩子以学业为重，自己却上班迟到早退又满腹牢骚，孩子又怎能学会勤奋，养成好的品质？

约翰·布朗是19世纪美国反对黑人奴隶制运动的杰出领袖。他有七个孩子，对孩子们的要求十分严格。布朗的教育方法主要是以身作则，通过自己的言行给孩子们树立良好的榜样。有一段时间，他经常要喝一些苹果酒、葡萄酒，他的孩子们只要一见他打开酒瓶子，就都围上去，好奇地讨酒喝，这个要喝一杯，那个要喝两杯。布朗为了避免孩子长大后养成嗜酒的坏习惯，从此不再喝酒，后来他还成为了一位禁酒主义者。

布朗处处做孩子的表率。他要求孩子们多花一点时间来读书，自己每天首先拿起书本读上几个小时。在朗诵时，他有一点小错误都要纠正过来。他要求孩子们尊老爱幼，关心别人，自己首先做到孝敬父母。他的女儿在回忆父亲的文章里写道："我经常看到父亲对祖父特别尊敬并且相当关心。冬天睡觉时，他总要亲自把祖父的被子披好，夜里还常常起来看看祖父睡得是否安稳。他对祖父总是那样和蔼可亲，真是我们的好榜样！"

榜样的力量是无穷的！所以家长们要记住：正人先正己。

是自己的错，就要向孩子承认

"该上学了，作业放进书包没有？"

妈妈每天都要送读小学 2 年级的浩浩上学后才能去上班，因此从早上开始就忙得不可开交。

"咦？作业去哪儿了？"

浩浩的性格有些大大咧咧。

"你是不是又丢三落四了？妈妈说过多少次了，要你提前准备好，你非得把妈妈气死不可！"

"哦，对了，昨天妈妈说要检查，结果就被妈妈拿到自己房间了，不是吗？"

"净瞎说，我什么时候拿的？你就会找各种理由，还不接着快去找啊？哎呀，我想起来了！昨天拿来想要检查来着，可中途被邻居家大婶叫走，我给放哪儿来着？怎么这么快就忘了呢？最近总是稀里糊涂的。你就不能提前准备好啊？"

"明明是妈妈忘了放在什么地方，为什么说我的不是啊？"

浩浩很不高兴地去寻找，最后终于在鞋架上找到了自己的作业本。

"是我给忘了。可如果你好好做作业，妈妈也没有必要检查呀？楼下的孩子从来都不用妈妈监督作业，你能有他一半懂事就行了！"

"妈妈您也太不讲理了，明明是您犯错在先……"

第二天，浩浩家里又出现了一阵骚动。

"浩浩！你给我过来，是不是你摔碎了这个相框？你知道这个相框多贵重吗？"

"不是我打碎的。"

"上次就装糊涂，这次还敢抵赖？"

"这次真的不是我打碎的。"

"还在撒谎，我们家里除了你还有谁会打碎相框啊？看来你是不见棺材不掉泪啊！"

妈妈硬抓住浩浩狠狠地打了几下。开始还能挣扎一番的浩浩最后也只能瘫坐在地上，但妈妈依然在教训浩浩。

"你小子，看你爸爸回来了怎么收拾你！"

妈妈后来才发现是早上迟到的爸爸慌忙之中打碎了相框，而浩浩成了替罪羊。妈妈出于愧疚的心理，给浩浩买了他最喜欢的游戏机。

"因为你平时撒过谎，妈妈才会怀疑你的，所以以后不要再撒谎了，知道吗？"

结果，妈妈还是不肯向孩子道歉。

浩浩心想："妈妈做错了事情从来都不道歉，难道大人就不需要道歉吗？"

犯错时，妈妈应该做出表率，用诸如"对不起，妈妈以后会注意"之类的语言主动向孩子承认错误，这样孩子在外面做错事时，他也会勇于承担责任。妈妈勇于向孩子道歉是有很大的教育意义的，并且从妈妈那里得到道歉的孩子往往能够抚平心中的委屈，感觉自己是受到尊重的个体。如果孩子是在一个无论是大人还是小孩，只要犯错就勇于承担责任的家庭中成长起来的话，孩子会对自己所犯的错误表现得异常谦虚，并且努力纠正和弥补自己犯下的错误。请父母们记住，一白次叮嘱也不如一次以身作则的示范。

教孩子学会分享

小可原本是个聪明可爱的小男孩，但是，他却养成了不肯与人分享的坏习惯。小可在家里是绝对的权威，但凡他的东西，就是爸爸妈妈也不准动一下。有几次爸爸妈妈给他买了点心，对小可说："小可，我们尝一点吧？"他却一口回绝。家里要是来了小客人，小可就如临大敌，他绝不会让小客人碰他的玩具。吃饭的时候，他还会目不转睛地瞪着小客人，说："那是我最喜欢吃的牛肉，不准你吃！"弄得大家都非常尴尬。

周末，小可去奶奶家，只要见了奶奶家有自己喜欢的东西，他就会提出带回家。要是爷爷奶奶提出要去他家做客，他一定会阻拦，生怕爷爷奶奶吃住在他家。

"这么抠门、自私，咱俩都不是这种人啊！"小可的爸爸妈妈很纳闷。

其实父母们用不着为此困惑。虽然孩子身上的毛病你没有，但你却忽视了对孩子这方面的教育，所以孩子才变成这样。我们经常发现许多家长对孩子不肯分享的坏习惯并不重视，或者说采取的教育方法并不可取。比如说，当孩子不肯把自己的玩具分给小朋友玩时，许多家长会这样说："我家孩子生来就小气，没办法啊！"为了避免孩子和别的小朋友发生纠纷，干脆把玩具给藏起来。

父母虽认为孩子这样不对，但却因为无计可施而放任自流，甚至在无意中推波助澜，纵容孩子的坏习惯。

在许多孩子眼中，凡是自己能够得到的东西都是属于自己的，自然就不肯与人分享。但有时候，他们为了讨大人欢心，也会主动与大人分享。如果家长抓住孩子的这种心理，逐渐培养孩子与人分享的习惯，孩子就能够和别的小朋友友好相处，知道谦让与合作。所以不妨对孩子说："你这样做，妈妈会不高兴的，因为妈妈更喜欢懂得替别人着想的孩子，不喜欢自私的孩子。"这样孩子很可能就会让步。

另外，要让孩子学会理解他人的感受。比如，孩子正在玩皮球，他的伙伴却眼巴巴地看着他，很想玩，但孩子就是不理他，伙伴生气了，一脚就把皮球踢飞了。这时候，做家长的可以这样教导孩子说："他也很想和你一起玩皮球，可是你不理睬他，所以他心里很难受，就把皮球踢飞了，你原谅他好吗？"通过这样的方式，孩子自然就学会了与人分享。

也不要忘记让孩子感受到分享的快乐。很多孩子愿意在别人家玩别人的玩具，但是让他拿出自己的玩具，他就不乐意了。如果是这种情况，你在客人到来之前，让孩子挑几样他愿意让别人玩的玩具，告诉他不要担心玩具被弄坏。这样当他无条件地与别人分享东西时，他能感到自己对这些东西仍有控制力，它们还是属于他的。当许多孩子在一起玩时，可让大家把自己心爱的玩具拿出共同分享，让孩子体验玩别人玩具的快乐，使孩子明白分享并不等于失掉自己拥有的东西。

注意"语言卫生"

有一天妈妈拿来几个苹果,红红绿绿,大小各不同。小新一眼就看见中间的一个又红又大,十分喜欢,非常想要。这时,妈妈把苹果放在桌上,问小新和弟弟:"你们想要哪个?"

小新刚想说我想要最大最红的那个,这时弟弟抢先说出了本来他想说的话。妈妈听了,瞪了他一眼,责备地说:"好孩子要学会把好东西让给别人,不能总想着自己。"于是小新灵机一动,改口说:"妈妈,我想要那个最小的,把大的留给弟弟吧。"妈妈听了非常高兴,在小新的脸上亲了一下,并把那个又红又大的苹果奖励给了他。从此,小新学会了说谎。长大后,他又学会了坑蒙拐骗,为了得到想要的东西而不择手段。

我们也许认为例子中的母亲不过是在教育孩子要懂得谦让,懂得把好东西留给别人。可是,她却过早地教给孩子"见风使舵""圆滑变通""隐藏内心真实想法"的做法。

我们常常犯着这样的错误而不知自省,孩子在我们的误导之下学会了不诚实。

小威和同学们聚在一起,总是喜欢谈论别人,对人家评头论足,有时甚至把他人贬得一无是处。小威用语尖酸刻薄,一点芝麻小事也能滔滔不绝，没完没了。一天小威的姑姑碰巧听到他乱说别人坏话，于是批评了他，可小威的毛病却一直没改。直到小威说"我妈也这样"，姑姑才意识到原来是家长惹的祸。

如果父母当着孩子的面议论他人是非、诽谤辱骂他人，对孩子就会起到不良的示范作用，潜移默化，孩子就会沾染上这类恶习，而且还会陷入打击报复心理的泥淖。

父母注意"语言卫生"，是做好示范的一个重要方面。孩子们说的刻薄话往往是从父母那儿学来的，父母与他人发生矛盾时所采取的态度与方法，也影响着孩子日后对这类问题的处理方式。

每个人总免不了要与各色人等打交道，而且遇到那么多事，不可能人人事事都顺你的心、如你的意。宽容、善良，与人友好相处，是健康人生的基本条件之一，在这些方面，孩子学习的最主要对象就是自己的父母。

托尔斯泰说过："全部教育，或者说千分之九百九十九的教育都归结到榜样上，归结到父母自己生活的端正和完善的举止。"

所以，家长们针对孩子乱讲别人坏话的问题，除了要教育、引导、矫正孩子以外，更重要的是给孩子营造一个健康高雅的文化环境：自己首先不要乱讲别人坏话，注意语言使用，不妨多以赞赏的眼光看待别人。

对孩子不正当的语言，家长必须及时指出，让孩子改正。要让孩子知道，他必须对自己的言语负责，乱讲别人坏话是要付出代价的。

第 5 章

放手给孩子一片自由天空

让孩子自由独立成长

下面两种不同的情景，为我们呈现了两种不同的教育方法及带来的结果：

一位出差在外的家长，因为孩子习惯了每天有人叫醒才起床，不得不定点给家里打电话完成"任务"，否则孩子很有可能上学迟到。

另一位家长无须坐班，却眼睁睁看着孩子在闹钟响起时依然沉睡，一直睡到两节课过后自然醒来。面对孩子的惊慌失措，家长平静地告诉他：自己的问题就得靠自己解决。孩子从此再没有将自己的事"分摊"给大人。

一位母亲对孩子事事包办，孩子过分依赖家长，难以形成独立人格，结果必然出现问题；另一位母亲顺其自然，因势利导，孩子养成了对自己行为负责的良好习惯，结果令人满意。两位母亲的表现都是出于爱孩子，却有了不同的结果，可见家长教育孩子，不是时时监管、处处掌控便能取得好的效果。真正人性化的教育应该是顺应孩子的天性和成长规律，让孩子健康成长，迈向成功。

下面的一则小故事中，家长就一直让孩子按照自己的个性和爱好发展，使孩子在之后的发展中越走越顺：

许乐是家里的独生子，爸爸是一家公司的董事长，家庭条件非常优越。按理说，作为家里的独苗，许乐的父母应该非常娇宠他才是。然而事实上，父母从来不给许乐特殊待遇。条件优越，却不见许乐穿名牌和大手大脚花钱，他每天跟其他同学一样，骑自行车去上学，放学后"顺便"买菜回家，平时还要帮妈妈做家务。

父母对许乐的爱好非常尊重。许乐喜欢音乐，父母就在许乐生日时送了他一把吉他；许乐喜欢足球，世界杯期间父母就允许许乐在不影响休息的情况下收看比赛。不过许乐最喜欢的还是英语，这得益于许乐跟父亲的外国朋友打交道的经验。在这样宽松自由的家庭中长大，许乐说自己的童年和少年生活留下了很多美好的回忆。

许乐的学习成绩在班里一直居中等水平。老师说许乐很聪明，如果努力学习，成绩会好一些。奇怪的是父母对此并不十分在意，他们更在意的是孩子是不是成长得健康快乐，是不是学到了很多有意义的东西。高中毕业的时候，许乐考上了省里的一所二流大学，专业是经济学，这是他自己选择的。

大学里的学习压力不那么大了，课外活动就多了起来。这时候许乐的优势就显现出来了。他是校足球队的右后卫、校乐队的贝司手兼主唱、校园广播电台的英语主播，还在一家英语培训学校当口语老师。毕业以后，许乐没有像同学们想的那样回家帮父亲办公司，而是一个人去了北京。他带着简历直接登门拜访一些外企，正好有一家国际知名的会计师事务所的人力资源经理在场。交谈中，许乐流利的口语、独到的见地和丰富的经验彻底打动了那位外籍经理。于是，许乐成为那家公司有史以来招聘的第一个外地大学生。

大家都称许乐为"幸运儿"，因为他家庭背景好，成长顺利，拥有一份人人羡慕的工作和大好的前途。然而实际上，许乐的父母从来没有在儿子身上投入比一般家庭更多的金钱。见过许乐的人，都说他是一个真正的绅士，彬彬有礼，风度翩翩，更关键的是他的性格——自信、开朗、达观、积极，跟他相处的人，无一不被他身上的阳光气息所感染。在公司里，具备优秀业务能力的不止许乐一个人，可许乐却是最受欢迎的一个。同事们都愿意跟他合作，因为他真诚、坦率，总能给同事们带来好心情；老板也喜欢把工作交给他，因为他热情、稳健，总能赢得别人的信任。许乐的收入很高，但他的生活很简单，也没有什么不良嗜好。年纪轻轻的他，已经贷款买了自己的房子。而且，他还保留了每年跟父母旅游一次的习惯，不过费用已经完全由他负责了。

许乐无疑是非常幸运的，他的幸运之处不是因为拥有富裕的家庭，而是拥有了充满智慧的父母。因此，在家庭教育中，家长不应给孩子设限，限制孩子的个性化成长，而应该尊重孩子的意愿，让孩子顺其自然地发展，让他们摸索出属于自己的成长之路。

要让孩子自然地成长，妈妈可以参照以下的方法：

1. 因材施教

妈妈要根据孩子的特点，顺应孩子的天赋，因材施教。

2. 尊重客观规律

孩子的天性就是爱玩，喜欢自由。如果家长急于求成，不尊重客观规律地教育孩子，那就是拔苗助长，很容易影响孩子的一生幸福和健康成长。

3. 不要以暴力制人

家长应该顺应孩子的性格和特点进行教育。如果存在矛盾，也要善于采取因势利导的方式，而不能以暴力来压制孩子。

4. 善于肯定孩子

要用肯定的态度鼓舞孩子，这会不断地增强他们前行的信心和决心。即使孩子错了，父母也要有宽容的态度，孩子就会更有信心，敢于超越自我，走向辉煌。

5. 实施全面的教育

不仅要使孩子的智力得到发展，还要使其身体强健、思想健康、人格健全、才艺升华，培养全面发展的孩子。

给孩子一定的自由空间

从孩子在母亲肚子里孕育开始,父母就已经得到一份珍贵的礼物。当孩子来到人间,孩子的一切就与父母有了关联,孩子的生活,孩子的性格,将来的学习,以后在社会的发展,都需要父母的照顾与教育。

如果把为人父母当作一项职业的话,那么全世界最辛苦的职业大概就是这个。

我们要照顾孩子,关爱孩子,教孩子去认知这个世界。除了教育责任,我们还会承担心理压力,担心孩子的身体,担心孩子的学习,担心孩子会被欺负,也担心将来孩子不能立足社会,不能成为社会的有用之才。

父母总是为孩子想很多,给予孩子从小到大周全的保护——凡事都得经过自己的同意才能做,凡是自己不认同的也绝不允许孩子做。

曾经有一个特别内向的孩子,而让人无法想象的是,她的内向,起因其实就是一个鸡蛋。

这个叫苗苗的孩子最讨厌吃的食物就是水煮蛋,可是妈妈每天都要让苗苗吃两个水煮蛋。妈妈说吃鸡蛋对身体好,尤其每天吃两个鸡蛋,营养是最恰到好处的。苗苗对鸡蛋已经产生了厌恶感,只要妈妈开始帮她剥鸡蛋壳,苗苗就叫嚷着不吃不吃。妈妈开始还会哄苗苗吃,可是后来就对苗苗生气了。苗苗怕妈妈不开心，看着妈妈威严的样子就害怕，于是闷着头不声不响地将鸡蛋吃了下去。正是这种压抑，直接导致了苗苗的性格内向。

吃什么有营养，什么应该多吃，与别的孩子相比自己的孩子又该吃些什么；什么饮料不准喝，什么时候口渴，什么时候喝什么水；经常担心孩子的身体，孩子有点小感冒就是天大的事情……事无巨细地操心，做父母的怎么会不累呢！

而且，事无巨细管教的结果，很容易扼杀孩子的天赋。比如当孩子乱涂乱画，把地毯或者墙壁弄脏的时候，有的父母就开始阻止，孩子的绘画天赋很可能就此被抹杀掉了；而一些聪明的父母则给墙壁涂上一种光滑的涂料，即使孩子乱涂乱画，也可以用湿毛巾轻松擦掉，既保持了美观，又没有限制孩子的"艺术灵感"。

鹏鹏很快就要上小学了，可是自己一点自理能力都没有——每天早晨都是妈妈叫他起床并且帮他穿衣服，所以鹏鹏压根儿就不会自己穿衣服；每天的饭菜都是妈妈为他精心准备的，还周到地将饭菜端到鹏鹏的手里；甚至上厕所都必须妈妈陪着去。妈妈把一切事情都打理好了，根本就用不着鹏鹏操心。

现在鹏鹏要上小学了，妈妈却着急了：鹏鹏还这么小，连衣服都不会穿，怎么放心让他去上学呢？小学的孩子太多太复杂，鹏鹏会不会跟坏孩子做朋友？会不会受欺负？会不会在外面乱吃东西，既不营养又浪费钱？怎么办才好呢？

当鹏鹏第一天去上学时，果然发生了状况。鹏鹏吵着要跟妈妈在一起，不去学校，结果迟到了。原来鹏鹏在妈妈的护佑下，在幼儿园里就没有一个朋友。一方面，妈妈觉得鹏鹏和其他小朋友玩总是弄得满身是泥，脏兮兮的；另一方面妈妈觉得那些小朋友都是不讲道理的，鹏鹏总受欺负。于是鹏鹏的世界就只有妈妈一个人了。

父母总是以自己的想法为出发点，去考虑孩子喜欢什么，不喜欢什么，却忽略了孩子的喜好、快乐、独立与自由。就拿吃饭来说，孩子不想吃了却硬逼着吃，反而造成了孩子害怕吃饭。

对孩子进行过度干涉，让孩子失去了独立自主性，这还称得上是爱吗？爱孩子就得让孩子有生活自理的空间，让他们从小学会独立自主地决定自己的生活。

作为家长，我们只需要做到以下几点就好：

1. 做孩子的榜样

父母的言行会给孩子留下深刻的印象，父母应该给孩子做示范，让孩子以父母为榜样，让孩子明白只有依靠自己的努力，才能创造美好的生活。

2. 培养孩子的主动性和独立性

在家庭生活中，应当教育孩子自觉、主动、独立地调节自己的行为，而不是事事依靠父母的督促和管理。

3. 多让孩子参加劳动，特别是服务性劳动

诸如穿衣、系鞋带、梳头、洗脸、吃饭、整理书包、收拾房间等，父母尽量不要替孩子做。如果父母在生活方面过分照管，不仅不利于孩子独立性、自主性的发展，而且还容易使孩子养成懒惰的坏习惯。

4. 培养孩子良好的时间观念

父母应教会孩子对时间进行统筹安排，合理有效地利用时间，发挥时间的综合效应。让孩子理解时间的意义，从小在心中就打下"时间就是生命"的深刻烙印。

过多干涉会束缚孩子

这是某报刊登的一篇题为《女儿给母亲的"挑战书"》的信件——

张××：

我感谢你生育了我，但我不是你的奴隶，我是一个自由的人。从今天开始，如果你还想要我这个女儿，必须做到如下10条：

1. 不许动我的书包、抽屉；
2. 不许看我的聊天记录、日记；
3. 不许强迫我穿你买的超级难看的衣服；
4. 不许拦截我的电话；
5. 不许当着亲戚朋友的面说我比别的孩子差；
6. 允许我周日休息时9点起床；
7. 允许我每天晚上有1小时的自由支配时间；
8. 允许我的朋友到家里做客；
9. 允许我听孙燕姿、周杰伦的歌；
10. 允许我反驳你的意见。

如果你做不到其中任何一项，我宁愿露宿街头，去做小偷，也要毫不犹豫地离开这个家，让你永远也找不到我！我说到做到！

这封信在让父母们震惊的同时，也引起了部分父母的思考，信中所说的哪一条过分呢？答案是否定的，信中所说的每一条都不过分，这并不是孩子在无理取闹，而是他们应有的权利和自由啊！可是，现实中，父母们给了孩子什么呢？要么就是关心方向错误，只关心孩子的物质生活，而不注重孩子的心理引导；要么就是过分关心，把孩子当成了自己的私有物品，想怎么样就怎么样，孩子没有隐私权。面对这样的父母，怪不得孩子会以"离家出走"相逼。

有个孩子在家长会上很无奈地说道："父母总是担心我们这样或那样，老感觉自己是过来人，经验比较丰富，为了让我们少走弯路，他们总喜欢按照自己的想法要求我们，让我们照他们的意见去做事情，这也限制，那也约束。总之，我们的事，总是大人说了算。"家长们在把自己的经验、价值观灌输给孩子的时候，有没有想到他们正在压抑的是孩子天性？其结果是把孩子的手脚和头脑束缚了起来，对孩子的自身体验进行剥夺，使孩子失去了独立性。

事实证明，一个长期生活在家长的"强迫"与"约束"中的孩子，主动进取精神差，对学习毫无兴趣，他们总觉得自己是为父母学习的，所以对学习的态度非常被动。这样的孩子，是很难取得优秀的成绩，更不可能有很大的发展的。

有一个从小就被爱包围着的孩子。从他出生以后，家里人就一直围着他转，他要星星的话，家长一定会给他"摘"下星星，而且同时还会"捎"上月亮。当他想喝水的时候，爷爷奶奶和妈妈就忙不迭地跑过来为他"服务"。爷爷奶奶还说："宝贝呀！以后拿水跟我们说就可以了，别自己拿，烫坏了手爷爷奶奶爸爸妈妈都会心疼的！"直到他上了高中，还是过着衣来伸手、饭来张口的日子。

他想出去玩，家里的大人都不肯，说怕他有危险。

他在学校念书，爸爸动用关系，让学校的老师多照顾他。

他要出去跟朋友玩，爸爸妈妈出来干涉，说人家不是好孩子，叫他不要跟那些朋友玩。

....

总之，家长们对他关怀备至，保护得体贴入微！可是，这个孩子并不领情，在他看来，他的人生都是家长们安排的，一点意义都没有。为此，他特别羡慕自己的那些同学，希望自己也能像他们一样自由。

现在，他已经是高三年级的学生了，下个学期就要参加高考。但他心灰意冷，学习没有动力，心情压抑，他总觉得同学们都用瞧不起他的目光在看他。

也许，爱他的家长们并不知道，正是自己这种过分"干涉"的爱，销毁了孩子对生活的所有信心，使得孩子像马戏团的小象一样，在成长的过程中受到了限制。只不过，这个限制不是麻绳的捆绑，而是家长和家庭的约束而已。但这种限制的后果是难以想象的严重，因为被束缚的不止是孩子的身体，更是孩子的心灵。

其实，能力是需要靠实践培养的，是需要机会锻炼的。如果平时孩子所有的事情都被家长包办、代替，甚至是干涉了，那么，孩子哪里还有自己做事情的信心与勇气呢？作为家长，我们一定要知道，孩子是有思想的个体，是独立的人，他们需要在宽松的环境里才能健康地成长起来。干涉太多，只会让孩子失去自我，失去独立的人格与健康的心理，这对孩子的成长与发展是十分不利的！

此外，过分干涉孩子，还可能让孩子产生叛逆心理，与家长起冲突，甚至自暴自弃以刺激父母，给家庭和社会埋下隐患甚至带来伤害。这里就有这么一个故事——

韦得明是某重点中学的一名初三学生。他从小就是一个懂事的孩子，性格也很随和，很乐于助人，周六周日经常主动到爷爷奶奶家帮忙。

可是，自从上了初二，韦得明和父母尤其是和母亲的关系日趋紧张，经常为了一点小事吵架。这到底是为什么呢？韦得明的妈妈非常担心，所以就带韦得明去看心理医生。

心理医生与韦得明交流后才知道，原来，韦得明的妈妈是一个"干涉欲"很强的人，她动不动就会盘问韦得明跟谁在一起了，给谁打电话了，甚至是韦得明做作业的时间，她也很不放心，三番两次地来"偷看"。这让韦得明非常反感，于是，矛盾就爆发了。

韦得明的这种情况正是家长过分干涉导致的，在青春期，有很多孩子都会出现这样的情况，是他们"自我意识"逐渐增强的表现。一方面他们渴望被关注，另一方面，他们又不希望过多地被干涉！因此，对于家长的干涉、批评与责备，他们都会表现出愈来愈强烈的反抗情绪，故意与家长唱反调。同时，他们的反抗更多的是以潜在的形式出现，如对家长在生活和教育上的安排，采取不关心、不表态、无所谓的态度等。

那么，对于孩子的教育，正确的做法应该是怎样的呢？专家建议：为了让孩子能够更好地发展，家长不妨放开自己的束缚，对孩子的生活不要过多干涉，给孩子一片自由、独立的天空，让他们展开双翼飞翔，引导他们自己去认识社会、了解生活、体验坎坷和波折，只有这样，他们才能在体察与感悟之后跨越生活中的一道道障碍，成为优秀的人。

不要总是去控制孩子

妮妮读五年级了，学习成绩很好，她把自己的课余时间几乎全部用在功课上。只是因为她喜欢唱歌，因此总想看电视里的歌舞晚会，而MTV更是令她沉醉。

妮妮也有烦恼。妈妈在家时她从来就不能坐在电视机前，免得挨妈妈的骂或招来爸爸的拳头。

实际上妮妮很有歌唱天赋，音乐老师也选她参加校合唱团。但是，只要她在家里一哼歌曲，妈妈就会大嚷："你乱叫什么？像乌鸦一样，难听死了！赶快做作业看书去！"每次听到妈妈这样大嚷，妮妮便会觉得如冷水浇头，全身透凉。

有一回，妮妮在家里做作业时又情不自禁地哼起歌来。

妈妈听见了，冲进卧室，不由分说地把妮妮最喜欢的歌本夺过去，撕成了碎片。

妈妈的做法彻底伤了妮妮的心。从此，她在家里沉默寡言，很少再唱歌了。

妮妮的妈妈这样做，是想当然地认为妮妮唱歌会影响学习，认为她都上五年级了，面临升学的考试却不知努力，不思进取。其实，孩子唱歌只是偶尔为之,并没有因为唱歌而耽误学习,妈妈完全没有必要让沉重的书本学习占据孩子的整个生活。孩子的生活里不应只有课本。妈妈可以限制孩子做一些与学习无关或影响学习成绩的事情,但是,限制并不等于专制,不是说与学习无关的事情一律不能涉及,甚至想都不可以。

况且,学习需要劳逸结合。无论是唱歌、画画,还是其他的业余爱好,在不影响学习的情况下,都可以尝试着去实践,不失为一种缓解学习压力的好方法。

因此,妈妈不要简单地割断孩子和一些业余爱好的联系,不要扼杀孩子的业余爱好。正确的方法应该是帮助孩子建立健康、自然、向上的业余爱好,提高孩子的学习技巧。这样,不仅不会影响孩子的学业,还会对孩子的学业起到积极的作用。父母不要控制孩子做自己想做的事情,也不要强迫孩子做孩子自己不想做的事情。

斐斐的妈妈特别喜欢用命令的口吻和孩子说话。比如,斐斐去上学时,妈妈一定以非常强硬的口气说道:"放学立刻回家,立刻!"要是斐斐要求买一样东西的话,妈妈在拒绝时也同样不可反驳:"这件东西不能买给你!"斐斐常常在心里想,妈妈对别人也是这样吗?难道别人能忍受她这样的说话口气吗?这分明是专制嘛!

这天,斐斐在学校里提前把作业完成了,回到家,斐斐想打开电脑好好看一看新闻动态。因为,这样可以多了解一下最新的消息。斐斐每天都浏览一下,但是每次都看不踏实。有时在斐斐刚打开电脑不到十分钟时,妈妈就下班回来了,看到斐斐居然没有做作业而在玩电脑,自然很生气,她立刻对着斐斐大吼起来:"马上把电脑关掉,马上!"又是那种不容置疑的命令。

斐斐刚想说理由:"我已经……"

妈妈打断了她的话:"我叫你马上关掉,你听到了没有?马上!"

生活中,有的妈妈喜欢对着孩子发号施令,总是在给孩子下一个又一个的命令:"不要吵!把电视关掉!"……这些命令几乎是不容反抗的,弄得孩子乐趣全无，只好噘着嘴，很不情愿地听从"命令"。

在这种"专制教育"下，孩子只是畏惧妈妈的权威一时听从，心里却不服气，甚至还为此痛恨妈妈滥用权威来剥夺他们享受乐趣的权利。

命令和强制孩子做事情，永远无法实现教育的正面结果。在家庭教育中，光靠家长的地位和身份是不行的，更重要的是人格的感召力。要想使孩子自觉地养成良好的行为习惯，与其命令和禁止孩子，还不如制订正确的原则让孩子有章可循，这样才会更有效地对孩子进行约束，达到命令与强制达不到的效果，这才是家庭教育的正途。

想抛弃不合理的"专制教育"，家长在和孩子说话的时候，不妨使用一些积极的方式去表达。比如，孩子说话很大声的时候，不要说"给我闭上嘴"，应该换成"说话小声点"。对孩子来说，这不仅是教育他做他应该做的事情，而且还教给了他做事的正确的方法。

此外，妈妈还可以把命令换为提问。当孩子没有按照事先制订的作息时间表做事的时候，妈妈可以说："你在做什么呢？"这对孩子是一个信息，提示他的行为不当，这样孩子就会立刻意识到自己的错误，进而自觉改正。

以上两个故事只是"控制孩子"的缩影，作为妈妈，我们应该躬身自省，自己有没有犯过这样的错误。如果有，我们就要开始尝试不要再去控制孩子，而应当给予他们更多的成长空间。

1. 给孩子自由的空间

当孩子会自己走动时，父母不要过分阻拦孩子的自由活动。当然，前提是必须保证孩子的安全。如果想要将孩子控制在一定的活动范围内，也不要强制，而是可以通过与孩子一起做游戏的方法来吸引孩子的注意力。

2. 允许孩子尝试

当父母要求孩子去做一件事而孩子不愿去做时，父母一定要鼓励孩子说出自己的想法，倾听孩子的心声。如果孩子想按照自己的想法去做，在不违反原则的基础上,父母应当尽量允许孩子去尝试,千万不要逼迫孩子必须服从自己的要求。

3. 多多鼓励孩子

孩子遇到困难的时候,最需要的是得到父母的帮助和鼓励,而不是漫无目的的批评和指责。这时你可以对孩子说:"不要怕,妈妈支持你。"并且帮助孩子仔细地分析问题,鼓励孩子说出自己的想法,给予孩子适当的指导和建议,让孩子自己去想明白所遇到的问题该如何解决。

4. 与孩子和谐相处

父母一定不要把自己当作孩子的统治者。即使你心里的想法是为了孩子好,也应该先了解孩子需要的是什么。孩子如果长时间得不到尊重,就会变得缺乏自信,更别提创新意识与能力了。父母给孩子建议时,也要让孩子感觉到配合父母的建议是快乐的、身心愉悦的。如果采用高压的方法来教训孩子,孩子很可能以退缩或者反抗的方式拒绝父母的建议。

创造快乐的氛围,让孩子自由成长

学习成绩优秀和快乐成长哪个更重要?答案应该是不言自明、不容置疑的。然而,我们遗憾地看到,很多妈妈对此却认识不清,走向了极端。不少家长表示,对于孩子的成长是否快乐,他们有心无力。他们无奈地说:"社会竞争如此激烈。我们把全部精力都用到了孩子的学习上,哪儿还有时间去管孩子快乐不快乐!"

这种观点让我们在对下一代的健康成长充满忧虑的同时,也不禁产生了为孩子的快乐成长振臂高呼的冲动。无独有偶,穿越国度与时间的阻隔,美国留学 SNS 信息平台巨头的创始人在网站创立之初,就喊出了同样的口号"你比分数更重要"。

2010 年 4 月,美国留学 SNS 信息平台巨头强势登陆中国,它在美国已有近 4 年的历史,拥有 2000 所本科院校和 5000 所研究生院的翔实信息,注册用户达 230 万,以一直倡导的"你比分数更重要"的理念,备受全美适龄学生欢迎。

而鲜为人知的是,这个网站最早是由美国的一位高中生米克·哈根所创立。当时,米克·哈根想进入美国普林斯顿大学进行学习,可他 SAT 考试的分数却未尽如人意,使进入普林斯顿就像天方夜谭。然而他想到了通过 SAT 以外的方式向美国的顶尖大学展示他的才华。他创建了一个在线"个人档案",上面详细地介绍了他的爱好、创造发明,并将该"档案"寄给了相应学校的招生人员。令人惊喜的是,他用这种方式最终获得了进入普林斯顿大学学习的机会。

让我们来看看米克·哈根当年是如何向普林斯顿的招生人员展现自己才华的。

"普林斯顿一直是我梦寐以求的高等学府。虽然我标准化考试的成绩平平,从来就没有收到过常春藤发来的任何一封录取信,这可能是因为我的 PSAT(SAT预考)考试成绩和其他考试成绩没有达到他们的录取条件,但我还是决心让他们知道我是谁。

"高中阶段我的爱好是体育、领导和技术。我广泛参与各种活动,并在其中取得了不错的成绩。在校报的多年工作经历(担任主编)使我获得了出版经验和版面设计技巧。在计算机上折腾了好几年(我担任计算机俱乐部主席),使我精通硬件和软件知识。我特别喜欢网页图形设计艺术。所以,我决定弄个有特色的简历——我的 Photoshop 技巧可派上大用场了。

"在其他页面上(大概有12页),我充分地展示了我自己,洋洋洒洒,不一而足。其中包括我做各种自己喜欢的事情的有趣图片:有的展示了我的家人,有的展示我的爱好,还介绍了我的设计工作、我的文字功底、我的摄影技巧。

"通过这份材料,我真正地描绘了我是谁,然后把它寄给了普林斯顿大学。我不知道这么做是否会有效果。但是,最后,我得到了他们寄来的录取信,成为普林斯顿大学2009级的学生了。"

米克·哈根在普林斯顿大学读了两年,然后退学了,创办了一个社交网站,这个网站的口号便是"你比成绩更重要"。而实际上我们可以把这句话演变成"一个人的快乐成长比漂亮的成绩单更重要"。

网站创始人米克·哈根,为何最终能够获取普林斯顿大学的录取通知书?其实很简单,他无非是聪明地展示了自己一直以来快乐成长的人生轨迹——体育特长、主编经历、计算机俱乐部、做自己喜欢的事情的有趣图片、家人、爱好等，向普林斯顿展示了一个除了成绩之外的丰满的自己。即便没有漂亮的成绩单，没有得到过一封录取信，米克·哈根仍然以其快乐而精彩的成长履历，获得了世界上最顶尖大学的青睐。试想如果他只看重成绩，即便以一张漂亮的成绩单敲开了大学的门，那么等待他的也将是枯燥和乏味，而世界上也会少了一个风靡全球的网站。

人生的厚度，并不取决于一张薄薄的成绩单；成绩单上的数字，也不是唯一值得炫耀和沮丧的凭据。精彩而厚重的人生应该是一本厚厚的历史典籍，上面充满了令人回味绵长的欢声笑语、神奇的冒险和创造……只要坚持快乐地成长，每个人都能收获完美的人生。

从网站创始人米克·哈根的事例中，我们不难找到"学习成绩优秀和快乐成长哪个更重要"的答案。学习成绩固然重要，它在一定时期内，决定着升学，影响着就业，但是这绝不可以成为忽视孩子快乐成长的借口，成为阻碍孩子快乐成长的绊脚石。

很多妈妈过分看重孩子成绩，给孩子造成了"只要学习好一切都好，只要学习差就很丢脸"的错误认识。试想，孩子有了这样的想法，将会收获怎样的人生？

保留并尊重孩子的"秘密基地"

孩子还小的时候总想找个地方作为自己的"秘密基地"。不开心的时候躲在"秘密基地"里找寻自己的快乐,或者三五个玩伴相约去"秘密基地"做功课或玩游戏。"秘密基地"就像孩子心灵里的城堡,给予孩子心灵的寄托,让孩子快活地保留着自己的秘密,并从中体会新奇、兴奋的感觉。

随着孩子的成长与思维的不断成熟,孩子渐渐有了自我意识,他们开始学会思考,会觉得有些事情只有自己清楚而别人无法理解。这时候孩子就会把这些事情当作自己的秘密,收藏起来,有时会像科学探索一样沉浸在自己的秘密中,觉得很神奇。

牛牛不开心的时候就会去又大又热闹的花鸟市场,里面有各种各样的小鸟和美丽的花朵。小鸟都会唱很好听的歌,如果能听懂它们唱的是什么就更好啦。弯弯嘴的小鹦鹉最漂亮,它们的嘴巴是红色的,羽毛有绿色的、黄色的、蓝色的,在太阳下还会闪闪发亮呢;珍珠鸟长得好可爱,它们的脸胖嘟嘟的,常常会歪着小脑袋偷看牛牛;绿绣眼的个子小小的,眼睛像小黑豆一样亮晶晶的,它们很活泼,不停地蹦来蹦去,到了睡觉的时候,就把头藏在翅膀底下。就这样逛着逛着,牛牛就会忘记不开心的事情,又快乐地回家了。

而对妍妍和威威兄妹俩来说，客厅的餐桌则是他们的"秘密基地"。餐桌底下一片幽暗，并排放着的几把椅子成了活动式城门。妍妍充当城主与外国使节威威展开谈话，谈得好就"芝麻开门"，推开一把椅子让威威进来，与城主把酒言欢；谈不拢就关掉城门，不让威威进去。兄妹俩经常在餐桌下面玩得不亦乐乎。有时候吃饭时，两个小家伙也会趁大人不注意时偷偷溜到桌下玩"摸摸象"游戏。

妍妍："这是大象的脚。"

威威："象象，象象。"

两人在桌子下面窃窃私语，你笑笑我笑笑，时不时捏捏妈妈的小腿。

妈妈："喂喂，两只小跳蚤，这是妈妈的腿啦……"

孩子的秘密很小，但是他们对小小秘密的在乎程度却颇高，这个秘密是只属于自己的东西，这种奇妙的感觉让孩子充满了对事物的认知欲望。

小学一年级的琳琳每天做完功课后都躲在房间不出来，既不出来看电视，也不愿意出来吃水果，妈妈觉得很奇怪。有一次，好奇的妈妈偷偷溜进琳琳的房间，看见琳琳趴在桌子上写着什么。于是妈妈悄悄地走到琳琳身后，发现原来琳琳在写日记，厚厚的一个笔记本已经被琳琳写了很多篇了。

"琳琳，在写什么呢？给妈妈看看。"

妈妈的声音吓了琳琳一跳，就在琳琳还没有反应过来的时候，妈妈已经抢过日记本翻阅起来。

琳琳很生气："妈妈，这是我的秘密，不能给你看。"

妈妈还是在翻日记本："你是我的女儿，你跟我还藏什么秘密。"

听了妈妈的话，琳琳哭了，因为她觉得自己的小秘密被第二个人知道了。

尊重孩子的隐私，让孩子拥有自己的秘密，是父母们对孩子的一种尊重。孩子的童真和苦恼，在自己的世界用自己的思维得以释放，孩子就会收获一份连大人都无法理解到的喜悦。一旦破坏了孩子的这种单纯的喜好，孩子也不会再信任你了，以后也什么都不愿意告诉你了。

0岁到6岁的孩子，他们并不清楚自己在做什么、为什么要这么做。他们的思维像自己的一种程序，只要大人们不破坏他们的这个程序，并且能够很好地帮助他们，每一个正常的孩子都可以按照人类基因设计的这个程序完成自己的计划，获得对人类基本生活范畴的探索和研究，获得属于他自己的思维模式和智能模式。

我们可以送给孩子一个笔记本，让孩子去记录他们想说的话，不要去探求孩子日记中的内容。给孩子自己一个空间，让孩子去做自己想做的事情，给孩子一种被尊重的快乐。

适度约束，自由不是放纵

与奉行严格管教的父母不同，现在有一部分父母很"开明"，他们坚信"船到桥头自然直"的观点，觉得不应对孩子干涉过多。

克制对孩子的干涉其实是一种很好的行为。但问题是很难把握分寸，比如在面对有关道德和处事态度时，不干涉的结果可能会使得孩子心理与道德培养方面有缺失。孩子的思想像一张白纸，很容易受到外界的影响。因为孩子涉世未深，如果父母没有给予正确的教育和指导，孩子的心理就会缺乏营养，行事冲动。

我们给予孩子自由，完全是希望孩子在更健康的环境下成长，让孩子的个性和创造力自由发挥，让孩子去做自己感兴趣的事。但是给予孩子自由并不表示对孩子不闻不问，也不是对孩子放任自流，凡事都有尺度，要引导孩子从小养成良好的行为习惯。

有个母亲很疼爱自己的孩子。在孩子两岁的时候，妈妈带着她到邻居家拜访。一进门，宝宝就想回家了，然后就开始扯妈妈的头发，最后把妈妈整理得很漂亮的头发弄得很乱。可是即便如此，妈妈都没有阻止孩子。因为她觉得孩子是在依靠这样的行动认知世界，表达情绪。

如今孩子已经有五岁多了，妈妈开始抱怨孩子太任性，很爱欺负人，对于父母的劝告总是充耳不闻，经常制造出危险和事端。

显然，让孩子自由过度，实际上就是放任纵容。对培养孩子的社会性和责任心是不利的，最终孩子没有"长"出个性却"长"出了任性。

琪琪六岁了，一点儿也不怕生，任何场合都胆大妄为，闹得翻天覆地。于是妈妈决定送琪琪去学舞蹈。可是自由惯了的琪琪，上课对她来说毫无约束力。别的小朋友都很认真地听老师讲课，琪琪就玩自己的，又是动手，又是动脚，摇头晃脑地影响着其他小朋友，老师也很无奈。放学之后，老师把这种情况反映给了妈妈，妈妈回家刚说了琪琪几句，琪琪就大发脾气，哭闹个不停，说妈妈不顺着她了，说妈妈不爱她了。

父母们应当把握好自由的张力，让孩子在规则中成长，这样的孩子不是既有了责任心又有了开拓性吗？

三岁以前的孩子就像是"自由天使"，他们从自己的需要出发，有着以自我为中心的思维特点而与外界发生各种关系。假如父母一切都顺应孩子的本性，孩子就无法学会与人打交道的规则，致使孩子为所欲为。孩子长大以后也会产生许多不良的行为习惯，不服管教、攻击性强都是父母过度顺应孩子产生的。

有个孩子非常喜欢坐在低矮的阳台上边玩边往楼下看，虽然阳台有栏杆护着，但还是很危险。妈妈就对他说，要么在地板上玩，要不然就去楼下院子里玩，否则就要被打屁股。孩子从中明白了，有些事情是不能做的，应该怎么做才是正确的。

妈妈带着妞妞在晓晓家玩，已经很晚了，到了睡觉的时间，妞妞还不愿意跟妈妈回家，又哭又闹，小手不停地在妈妈身上打呀捶呀，就是不肯回家，于是妈妈强行将妞妞抱了回去。

第二天，妞妞跟妈妈提出还要去晓晓家里玩，妈妈就跟妞妞说："你昨天表现得不好，今天不带你去了。"从这件事情，妞妞知道了以后在别人家玩，必须遵守时间回家，哭闹解决不了问题，甚至会让自己失去到别人家玩的机会。

幼儿期的孩子是无法辨明是非的,他们还不能区分想象与现实的界限,还比较天真和单纯,所以他们需要父母、老师和社会的指导帮助。所以我们不能让孩子完全自由地成长,我们需要教孩子尊重他人,学习发扬传统美德,培养高尚的道德情操,这才是优秀父母对孩子应该尽的教育职责。

第6章

蹲下身子，跟孩子平等沟通

与孩子沟通，比什么都重要

一个处在青春期的女孩儿向心理医生求助，她因为学校繁重的课业压力，心情总是很烦躁，想要跟父母倾诉，又觉得父母不会相信自己，而自己也信不过父母，最后就将这些话放在心里，日积月累，最终变得不愿意跟自己的父母说话了。她很苦恼，也很无奈。

沟通问题是每个家庭都有可能存在的。尤其是父母与子女之间本就存在着代沟，父母往往不了解孩子心里在想些什么，而孩子也认为得不到父母的理解，就算心里有想法，也不会对父母说。

有一次开班会，老师要同学们在5分钟之内写出"父母常对自己说的话"，出现频率最高的依次是——

"快点起床，六点了。"

"你这个不争气的孩子，你要是有××的一半，我也没有为你白费心。"

"这么没记性，你脑袋里装了什么？"

"作业写好了吗？拿来我看看。"

"现在不好好用功，将来怎么办？"

"分数怎么这么差！"

父母应该觉得这些话都是对孩子爱的表现，是善意的叮嘱。

没错！这的确是爱。

但问题在于，这些话并不能引起孩子的美好感受。因为没人喜欢被骂，没人喜欢被评价为不如别人。孩子厌恶这些语言，但父母自认为是爱的表现，天天讲月月讲，孩子怎么会不烦呢？

而老师让同学们写出的"最想对父母说的话"中，得出频率最高的话依次是——

"我已经长大了，为什么我不能有一片自己的天空？"

"总是责备我，我有那么差吗？我是有自尊心的。"

"严格要求是对我好，但我需要的是鼓励，不要总是说我这不对、那也不对。"

父母和孩子的沟通就像两个生命的碰撞，也许会擦出无限丰富的火花，它可以达到不同的高度和层次，让亲子关系更融洽。

很多父母都曾经历过这样的事情：孩子小的时候很愿意对父母讲自己在学校里遇到的事，今天老师赞美了谁，昨天谁让老师生气了，谁和谁吵架断交了等；可是当孩子上中学后，话就变少了，父母问起学校的事，孩子只会说"还好、还可以"。

何不妨在睡前与孩子谈谈心呢？孩子小的时候我们讲故事给他听；孩子大一点，我们听听孩子对这个世界的好奇；等孩子再大一点，就听听孩子上学后的故事；更大的孩子，我们甚至可以对他讲讲人生哲学。

身为父母，必须欣赏自己的孩子，把自己也当作孩子，走进孩子世界，和孩子融成一片，做个童心未泯的"老顽童"。

所谓言教不如身教，要赢得孩子的尊重，父母必须提升自己的修养，不断学习，提升亲子教育能力，了解自己的孩子，赏识自己的孩子，无条件信任自己的孩子，为孩子营造良好的家庭氛围和知识环境，让孩子沐浴在父母爱的阳光里。那么，父母怎样跟孩子沟通呢？

1. 与孩子密切相处

从孩子的语言及行为中了解他的想法、喜好和内在需求，注意孩子的反应与态度。在和孩子说话时，仔细把他的话听完，了解他的想法及立场。

2. 认真体会我的感受

当孩子在外面受了委屈，与好朋友或心爱的宠物分离时，父母只是一味地告诉他没关系，坚强一点，这没什么好难过的，会让孩子觉得父母一点都不能体会他的感受。

3. 认真回答孩子的问话

孩子提出问题时，应先了解其真正含意，并针对孩子的需要回答。例如孩子问："妈妈，你要不要去买菜？"这个问题的真正意思可能是："妈妈，我想跟你一起去买菜。"假如你知道孩子的真正目的，就可以说："要啊！你要不要一起去？"孩子听了必定会很高兴。

4. 换个新鲜话题聊聊

找点新的话题与孩子聊一聊，才能引起孩子的兴趣。例如"我猜猜看你今天发生了什么事？""如果有一天，外星人真的来到地球"等话题，相信会比"今天过得好不好？快乐不快乐？"更吸引孩子。

5. 来自生活的丰富的谈话素材

亲子对话的题材，往往来自生活。父母可以带着孩子观察身边的各种事物，如花草树木，路上汽车的颜色、造型、品牌，街上行人的穿着打扮、说话神情，百货橱窗……都可以成为谈话的素材。

培养孩子的交流兴趣

善于交流的孩子一般会更具有同情心，更能适应环境。良好的沟通可以带来温暖的亲子关系，让孩子更愿意合作，成长为更自信的人。

但亲子间的沟通和交流，不是在你想要的时候就会像变魔法似的出现，沟通需要时间和练习。

跟孩子的交流，需要从小开始。要让孩子愿意跟父母交流，需要有你和孩子之间长期的信任和互动做基础。不能指望做空降兵，在某个你想跟孩子进行一次对话的时候，凌空而来。因为交谈需要一个题目、一个内容，还有一个彼此接受的方式。而如果父母不了解你的孩子，也没有在长期的交流中形成某种有效的沟通手段和渠道，你会发现你们很难对话，即使开始了也会很短暂。

一些父母觉得等孩子懂事后再跟他"正儿八经"地交流也不迟。是的，三四岁的孩子不告诉你幼儿园发生了什么事好像也无关紧要。但养成习惯了，14岁的孩子也不会告诉你他在干什么，而那时，你再来焦虑，就晚了。

如果孩子从小愿意跟你说话，那么，有一天，真的有"事"了，他也不会觉得告诉你事实有障碍。而在跟孩子经常性的问答之中，你的价值观也会不知不觉地灌输给他。

建立一个良好的亲子沟通习惯和渠道，不是一天两天就可以做到的。但做到之后，逐渐长大的孩子与父母之间的沟通，就提供了一个通道。

1. 交流需要兴趣

有时你可能觉得跟孩子说话好难，问他一句，他只回答半句，或者干脆就一个"嗯"字。

尝试一下，问问孩子感兴趣的东西，而不是你感兴趣的东西。讨论孩子熟悉而又希望去探究的东西，会让孩子觉得谈起来舒服、安全和愉快，你也可以由此慢慢建立起自己跟孩子交流的自信。

问他喜欢什么样的游戏，问他喜欢什么样的书，问他最喜欢的歌或者卡通人物是什么，问他中午在幼儿园吃了什么或者白天发生的某件事，如今天为什么被罚站了。

2. 交流需要聆听

交流不光是说，也是听。

当你的孩子说话的时候，专心地听；等他说完后，再给他你的反馈或你的故事。鼓励他问你问题：你知道妈妈跟你一样大的时候，上的幼儿园是什么样的吗？

要让孩子跟你说话，首先需要你在场。孩子想跟你说话的时候，你可能正忙着上网、打电话或做饭。但你仍然可以俯下身来，问孩子：你想告诉我什么呢？

给孩子完全的关注。或者，如果实在不能抽身，告诉他：等妈妈三分钟。三分钟之后，真的放下手里的事情，全心全意听孩子说话。孩子说的也有价值。你如果真的相信，孩子也会相信。

3. 聆听需要宽容

孩子犯语法错误的时候，不用急着去纠正他。在《孩子是如何学习的》

一书中，美国教育学家约翰·霍特对自己孩子的成长进行了细致的观察，认为只要让孩子自信、自由地说话，不久他就可以像其他人一样说话，而不断地纠正只会让孩子"越来越受挫，越来越害怕……他可能会努力地避免所有用到齿音的单词，也可能决定再也不说话了，因为说话总是给他带来那么多麻烦。或者他可能会变成口吃或者结巴"。约翰·霍特本人在自己的小女儿说话出错的时候，甚至让全家人都跟着她一起说错，以免打击她的信心，挫伤她对说话的兴趣。

事实就是这样，你纠正孩子的次数多了，孩子很可能不再跟你说话。如果你实在受不了的话，可以故作无意地用正确的方式把话说几次。孩子如果实在不改，暂且由他去吧。你见过几个成年人说"床下车车掉"了？

4. 交流需要体谅

别让孩子觉得你是在刺探军情，试图得到什么并以此来咋呼；也别让孩子觉得你是在拷问他。孩子实在不想说就算了，特别是一些不光彩的事，他不愿意提，你也没必要去硬要他自揭伤疤。

跟儿子的同学和他妈妈一起出去吃饭。吃着吃着，儿子故意打了个很大的嗝儿。当然不雅，我立刻瞪了他一眼。旁边的同学马上告状说：他有一次因为这个被罚掉了十分钟自由活动的时间。同学的妈妈立刻问这位同学：你被罚过吗？同学回答：罚过，三次。

孩子们跑掉后，我和儿子同学的妈妈都笑了起来：孩子们平时回家可从来没透露过这样的信息。

老师发现的问题，一定已经处理过了——偶尔剥夺孩子十分钟的玩耍让他在教室里自己看书，闭门思过，也不是一件坏事。老师没有发现的问题，那么，至少暂时就还不是问题，你更不用去操心。见到孩子，也没必要去盘问。除非他自己憋不住了要说。

孩子在幼儿园跟其他孩子疯玩，结果摔倒被撞破了嘴唇，被其他孩子嘲笑了，回来很沮丧。此时，他可不需要你的指教，"告诉过你不要去疯跑的，看吧！"这样，他只会觉得更糟糕。

拉他过来，听他讲发生了什么，问他还痛不痛，才是爱，才会让孩子下次吃亏倒霉遇上麻烦事还是愿意告诉你。

喜欢火上浇油的父母，今后一定少不了引起孩子反感甚至与你争吵。

5. 交流需要接受

想想看好莱坞警匪片里那句台词："你有权保持沉默，你所说的一切都将作为供词指证你有罪。"

有人给你念了这么一句话之后，你还有表达的愿望吗？

跟孩子对话是同样的道理。

不要试图评判你听到的东西。如果孩子从你这里得到的总是消极负面的反馈，他所说的话都变成"供词"，你觉得几次下来，他还会有兴趣给你提供更多的"供词"以方便你来教育他吗？

不管做什么，都不要摆出一副指手画脚的权威样子对孩子横挑鼻子竖挑眼。哪怕你真的不满意，也留着过后再慢慢消化。而实际上，如果你跟孩子在一起的时间长了，对孩子的很多行为和动机就会产生理解和同情，对一些可能出现的问题预先就会阻止或解决了，谈话的时候，这样的东西往往不会变成主题。

接受和尊重孩子。他可能不是班上最聪明、老师最喜欢的孩子，可他是你的唯一，接受和尊重他，不管他是什么样子。不管你心里的想法是多么不一样，当他说自己的看法的时候，聆听并接受。

6. 交流需要技巧

要展开一个对话，需要找到一个切入点：你问孩子幼儿园老师今天教了什么，可能会得到一个不知所云的回答，但你如果问他跟果果和乔乔他们今天下课的时候是不是又"枪战"了，或者中午幼儿园的电视里放了什么卡通片、讲了什么故事，你得到的就将远不止三言两语了。

交流可以随时随地。看过的 DVD 封皮不要扔，跟书架的书放在一起，有时拿出来跟孩子一起指着上面的人物评头论足，哪怕是傻笑一阵，也是交流和分享。

自我控制可以让你有更多与孩子分享情感的机会。4 岁的孩子在小区里玩，忽然间就不见了，动用了保安，满世界找。过了半小时，孩子自己跑出来了，兴奋地告诉你："果果家有好长的托马斯小火车轨道！"此时，你如果跳起来怒喝孩子让你担惊受怕，那你就失去了一个分享孩子的快乐感受的机会。不妨听他讲，过后再跟他重申纪律。

凡事需和孩子商量

一位母亲带着小学二年级的女儿回家,过马路的时候。一辆小汽车急驶而来,于是,母亲学着孩子的嗓音开玩笑地说:"小汽车,快快驶过吧,别碰我的宝贝。"结果女儿张口就说:"汽车快来,把我妈妈轧死吧!"

母亲顿时愣在了那里,她不明白,女儿为什么会对她这样。她为了培养女儿,每天亲自接送女儿上下学,为了女儿能够更加有修养,给女儿买了一架钢琴,并每天陪着女儿练琴,可现在女儿居然这么恨她,母亲半天没有说话,她忍住即将爆发的情绪,沉默地向前走去。到家后,妈妈稳定了一下情绪,问女儿:"为什么希望妈妈死掉呢?"女儿回答说:"这样我就不用天天练琴了啊!"母亲这才明白原来女儿不喜欢弹琴,而自己买钢琴也只是看别人家的孩子都在学琴,就买了一架,却不曾与女儿商量过。

人与人之间的相互协商非常重要。协商能够让人感觉到受尊重。根据马斯洛的需要层次理论,受尊重的需要是人类较高层次的需要。一旦这种需要无法获得满足,人类就会产生沮丧、失落等负面情绪。而对孩子来说,同样如此,他们也有受尊重的需要,如果父母喜欢与孩子协商,孩子就会非常乐意与父母交流。反之,孩子则会产生逆反心理,封闭自我。商量的魅力在于,使自己学会从别人的角度思考问题。两代人的沟通,最重要的是相互理解、相互尊重。而实现相互理解、相互尊重的最好方法就是商量。

美国著名的心理学家和人际关系学家戴尔·卡耐基认为，在孩子面前，遇事用"建议"的口吻，而不下"命令"，不但能维持孩子的自尊，而且能使孩子乐于改正错误并与父母合作。

据某家报社编辑部的一项调查显示，在面对"你是否有和孩子商量问题的倾向"的问题时，接受回答的250名80后父母中，只有8%的父母表示凡事都愿意和孩子商量；23%的父母表示偶尔会和孩子商量；而69%的父母明确拒绝和孩子商量问题，他们认为，孩子还小，不懂事，再者，如果和孩子商量问题，自己作为家长所拥有的权威就会遭到威胁。这组数据让人看后有一种沉重的感觉，作为父母，理应有宽广的胸怀，要乐于并善于与孩子商量问题。这样的父母才是受孩子欢迎的父母。

"知心姐姐"卢勤在一篇文章中曾经谈到与孩子商量的重要性：

商量的魅力在于，使自己学会从别人的角度思考问题。两代人的沟通，最重要的是相互理解、相互尊重。而实现相互理解、相互尊重的方法是——学会商量。

商量，能使家庭关系变得和谐；商量，能使孩子得到大人的尊重，从而使孩子懂得尊重别人，并学会用商量的办法去对待父母和他人。

教育家魏书生说过，"也许其他方面我不如一般人，但有一条是胜过他们的，那就是遇事喜欢商量。"他有一句口头禅就是："商量商量"。的确，这"商量商量"，一般人可以想到却是很难做到。魏书生在谈到如何教育好学生的经验的时候，指出和学生商量是重要的教育原则和方法。把一个班管好，把一个人教育好，必须要充分发扬民主作风，放下架子，和学生交朋友，才能更好地和学生进行沟通，及时了解学生的思想动态，有的放矢地进行教育。同时，商量也使学生受到尊重，拉近师生距离，有利于学生人格的健康成长。

不管遇到什么事情，妈妈都一定注意不要用命令而要用商量的口吻与孩子对话。比如：当亲子间出现冲突时，妈妈总是不愿意自己的权威受到挑战，希望以妈妈的权威来压制孩子，使孩子改变主意。实际上，这样做，孩子不仅不会听从你的意见，反而会产生逆反心理，恶化亲子关系。明智的妈妈在这种情况下要学会使用协商的口吻，让孩子体验到父母的尊重，体验到人格的平等，如此，孩子才会比较乐意接受你的意见。又比如：在提醒孩子做作业时，可以说："你现在是不是该做作业了，做完作业就可以看会儿电视。"而不要说："赶紧去做作业！"或"还不去做作业呀？"在请孩子帮忙做一件事情时，可以说："你能帮我一把吗？"而不要说："快来帮我！"或"赶紧把这事做了！"商量的语气对孩子来说非常重要，孩子会认为你尊重他，关心他的感受，从而对你产生好感和信任，促进亲子沟通。

孩子是家庭的重要一员，可是，现实生活中，许多妈妈在决定一些事情尤其是一些重要的事情时往往把孩子排斥在外。是的，纯粹的大人之间的事没有必要让孩子知道，可是有很多事情完全应该让孩子参与讨论，尤其是涉及到孩子的某项决定时，每个孩子都会出现与父母意见不一致的情况，孩子们都希望父母能够尊重自己的意见。如果父母忽视了孩子的主观能动性，一味地用父母的威严来压制孩子，即使孩子口头上同意，恐怕内心也无法产生努力的动力。更可怕的是，在这样的情况下，孩子已经感觉在受罪，又怎可能与父母和睦共处呢？

所以，凡事与孩子商量吧，这样一来，你一定会发现孩子有很多让人意想不到的创意。

如何正确表达对孩子的爱

沟通是任何健康正常的人际关系都必须具备的东西。两性之间如此，亲子之间也是这样。对孩子的爱，需要表达。

爱的表达，不必是随时随地口口声声地说"宝贝我爱你"。这对一些人，特别是男人来说，可能有一定难度。表达对孩子的爱，方式当然不止一种。

1. 由衷地欣赏孩子

不说"我爱你"，还是有很多别的东西可以说。特别是在特定场景之下：孩子拼装成了一个乐高小汽车，"秀"给你看，对他说"真棒！"或者"太好了！"；孩子早上起来自己把衣服穿上了，也可以对他说："真是越来越能干了！"

不是要让你做"父母拉拉队"，没完没了地赞美夸奖孩子——时间长了孩子也会知道不是真的，而是要让孩子感受到你的关注和重视。

对孩子热衷的事情表示欣赏和理解，这会让孩子格外自信和满足。即使他要看的《喜羊羊和灰太狼》你不喜欢，但如果每次看到灰太狼他都会兴奋地跳起来的话，你也许可以悄悄地想其他的办法引导。可在他观看的时候，你最好什么也别说：一方面是不要扫孩子的兴；另一方面，其他孩子也喜欢看，你的孩子不看，岂不是会显得很格格不入？

2. 分出一部分时间给孩子

这是最宝贵的东西。给他一段全心全意的时间，不必兴师动众地去动物园或科学馆。与孩子一起读本书，搭搭积木，或者帮他吹气球、修理他的小汽车，就可以让孩子满足好几个小时。有父母坐在旁边响应自己的需要，看自己做事情，还有比这更能让孩子觉得被爱包围的吗？

跟孩子一起做他喜欢做的事情。周末的时候，陪他一起看电视，或者跟他一起打游戏，让他觉得你虽然不得不去工作，但却真心喜欢跟他在一起度过的时光。这会让他觉得自己的一切都格外有价值。

3. 给孩子礼物

你不想让孩子养成随时讨要礼物的习惯，但时不时地给他一个小惊喜也是不错的。不必都是玩具，一块红薯、一包糖炒栗子，或者是孩子爱吃的一盒寿司，哪怕是在酒店开会时看到的免费的有趣的广告明信片，带给孩子，孩子也会高兴的。带孩子去超市买东西时，也可以让他挑选一两样他自己喜欢的东西。如果平时你是限制他喝饮料的，那么此时允许他选上一瓶花里胡哨的酸奶，他一定会觉得喜出望外。

给孩子的礼物不必是昂贵的。300元的遥控汽车和十几块钱一个的奇趣蛋带来的快乐，可能时间长短不同，但程度可能差不多。

4. 充分体谅孩子的感受

孩子摔倒了，虽然不必每次都急着去把他扶起来，但在他确实摔痛了的时候，去帮助他一下，抱抱他，关切却不过分地问他："痛吗？摔哪里了？"远比"不痛不痛，宝宝自己爬起来"有人情味。因为孩子摔跤了甚至摔哭了，一定是痛的。你说不痛不痛，虽然意在鼓励孩子坚强独立，但却否认了孩子的真实感觉，孩子一定会反感的——我明明痛啊！

承认事实，其实可以让孩子更快地止住哭泣，因为他的情感已经得到了承认。疼痛过去之后，就没有理由再通过哭泣来获得大人的关注了。

孩子每晚八点半关灯睡觉，但有时功课太多，到上床的时候已经没有时间再看书了。如果这时孩子又刚好借到一本有趣的书，他就会很沮丧，此时跟他说："真的很想看吗？那就看两页吧。"

此刻你不是要做无原则的父母，而是要告诉孩子："我们有规矩，但是我更爱你，更愿意你快乐，所以，你看书吧。"

相信两页书不会占用多少睡眠时间，也相信偶尔为之不会养成孩子总是打破规矩的习惯——母亲体谅而善解人意的话，孩子其实更愿意合作。

5. 以没有压力的方式表达爱

爱需要空间。苏联教育家马卡连柯在其《父母必读》一书中预言过这样的情形："父母把担心、溺爱、恐惧和惊慌都集中在独子身上。"

过分的关怀，随时随地的干预，不顾孩子的意愿，不管孩子是否需要，其实是以爱的名义来满足家长自身的情感需求。爱本是促进和激发人的成长的，但此时的爱，是压迫。

让孩子满足自己的愿望，即使偶尔越界，也没有关系。不苛责，不追究，不强求，也是一种爱的表达。

沟通要尊重孩子的感受

要像尊重成年人一样尊重孩子的难度在于，孩子在日常生活中依赖我们，而我们在与他们的朝夕相处中对他们有多么不成熟十分了解。要我们完全用对待成年人的方式对待他们，难免感觉不自然，也难以判断管教和尊重之间的"度"究竟在哪里。

但不管你的孩子是个怎样的小不点儿，他仍然需要并值得尊重。因为我们需要孩子尊重我们，而孩子的自尊也是在接受别人的尊重和认同的过程中建立起来的。自尊自信的孩子更能应对压力和挑战。他们更快乐，更乐观积极，遇到困难，更可能愿意去尝试而非轻易放弃。

最直接的，是尊重孩子的生理感受。你可能会说我让孩子吃饱喝足穿暖了，他怎么还会有生理感受没有得到尊重呢？

下午四点，孩子从幼儿园回来，要吃零食。你有没有回答过"再过一小时就要吃饭了，不要吃零食"？初春的季节，孩子说太热的时候，你有没有说过"春捂秋冻，穿太少了会感冒的"？

当孩子要吃零食的时候，拒绝之前，先考虑一下，也许他是真的饿了。虽然饭前不该吃零食，但吃一点点面包或酸奶之类的健康食物也未尝不可——孩子的胃口本来就是一小顿一小顿地"拼"起来的。而热的感觉，孩子更没必要假装。我们以为孩子会冷的时候,其实可能是因为我们自己觉得冷。

孩子的情绪和心里的感受也往往被我们所忽略。

很多父母曾说过"立刻把玩具收起来,否则我全扫出去"或者"你自己弄乱的东西自己收好"。这些话讲给任何成人听,都会引起不满甚至争辩,讲给孩子听,因为他还不能将心中的郁闷讲出来,我们就可以以为他会无动于衷吗?

1. 建立沟通渠道

四处探索、经常碰壁的孩子大发脾气的时候,父母往往会硬碰硬,看谁厉害。当然是大人厉害,因为你力气和心智都比他发达,但孩子输得心服口服吗?下次遇到类似的情况,你可能会经历一场"战争"。不如早早建立一条疏通管道。

先承认孩子的感受:我知道你输了游戏,心里不高兴。

一般来说,哭闹得再厉害的孩子听到自己的感觉被承认,都会或多或少地平静一些。此时再告诉他怎么做才是合适的:可是把棋盘推翻了不能解决问题啊。下棋总是有赢有输的,上次你不就赢了吗?下次没准儿爸爸就输了。

然后解决问题:我们一起来把这些棋子捡起来好吗?

如果你不以强权而以理性来赢得争执,孩子也会通情达理地尊重你。

2. 尊重孩子的愿望

你可能觉得孩子应该从小培养起良好的学习习惯,不怕吃苦。可是,当孩子说"妈妈,我想吃完晚饭以后再练琴"的时候,跟他商量好晚饭之后不能看动画片了,然后就由他吧。孩子累了,有权利放松。

当孩子想去跟朋友玩的时候,尽管你觉得在家已经够好玩了,还是让他去吧,他有社交的需求。

你当然不可能什么都满足他，但尽可能吧。孩子的大多数要求其实都不过分，只是看我们当时是否愿意去做而已。满足孩子的需求的本质是你承认孩子可以有需求，而你愿意尊重他的需求，满足他的愿望。

当孩子幼小时，你大部分时候都可以帮他做主，但随着孩子不断长大，你需要逐渐放宽尺度。带两岁的孩子去菜市场不用跟他商量，因为此时对孩子来讲跟着妈妈就是一件乐事，妈妈愿意带他去就已经很好了；但对五岁的孩子来讲，你大概需要跟他说明白：爸爸不在家，妈妈要去买菜你只好跟着去。因为此时孩子已经知道买菜没什么好玩的，此时，你需要得到他的理解。

他不喜欢的东西，他可以说"不"。你的任务是问个明白，然后表示理解。孩子不爱吃蔬菜，你可以协商：至少尝一口；但却不能强迫："你不吃菠菜，饭后我就不给你巧克力。"以剥夺某项好处的方式来约束孩子并达到大人自己的目的，常常是有效的。但需要小心，不要让孩子觉得你在不公平地压迫他——毕竟，你是掌握资源的那一方。

3. 尊重孩子的个性和能力

自己能做到同时感觉到被人承认和喜爱，是孩子建立起健康的自我认知的渠道。

不要过分保护孩子。还记得电影《海底总动员》里小尼莫为什么一定要去冒险触摸人类的小船而最终被潜水员抓住了吗？因为他的父亲当着别的小朋友的面一个劲儿地说："你不行。"

不要勉强孩子走你想要他走的道路。他的个性、才情都可能和你想象的不一样，这不是你指责他并对他失望的理由。你自己没有成为你的父母梦想的那样，你也不必为自己的孩子画地为牢。因为孩子本身的样子而爱他，是对孩子最大的尊重。

也不用替你的孩子去谦虚。当别人夸奖他的时候，如果是真心的，而你的孩子确实做得好，就让你的孩子去领受。

4. 不在公开场合羞辱孩子

孩子一定要买那个玩具熊，可是他在家里已经有十个了，你当然不会答应他。于是，出了超市，他开始在地上大哭大闹。此时，不要在大庭广众之下责骂羞辱孩子。如果孩子闹得实在厉害，扛起他，把他带到不引人注目的地方，告诉他你的看法，告诉他后果是什么。不要认为孩子没有感觉、没有面子。你一定不希望你的孩子真的没有羞耻感。

大人聊天的时候，孩子在一边玩，好像没听见，但如果听见不该听的东西，他是不会高兴的。所以，不要当着你的孩子的面和他人讨论孩子的问题。孩子不喜欢你告诉别人他昨晚尿床了。而你如果告诉所有人你孩子很"倔强"的话，你真的会收获一个倔强的孩子。

以尊重的心态对待孩子，你收获的将是一个自信自尊自爱的孩子。你同时也会发现你如果更耐心、更正面积极，亲子之间也会更容易沟通、理解，问题更容易解决，冲突更容易避免。

别总是对孩子说"我为了你"

"孩子,你知道吗?为了你,我忍受了多少的痛苦,怀胎十月多不容易,而你的每一步成长,更饱含了我对你的多少爱啊!"

"孩子,你知道吗?我每天辛勤地劳作着,不知有多辛苦,可我完全没有怨言,为了你,我什么都可以忍受。"

"孩子,你知道吗?我们不买房、不购车,就是希望把钱多花在你身上,你可一定要有出息啊,不然,怎么对得起我们对你的爱呢?"

"孩子……"

这种喜欢翻旧账本、喜欢把对孩子的付出挂嘴边的父母是不是容易招人反感?而对于孩子来说,父母为自己所做的一切,自己作为行为的直接承受者,自然深知其中的艰辛,如果父母总是喋喋不休地说个没完没了,不烦闷才怪呢。

这是美术特长班报名的最后一天。赵老师正在整理学生的报名表,一个名叫李明荣的学生悄悄地走进来。赵老师很喜欢这个有艺术天分的孩子,笑眯眯地对李明荣说:"我还要找你呢,怎么到最后一天了才来报名?"李明荣把头深深埋在胸前,小声说:"对不起,赵老师。我不报美术班了。""为什么?"赵老师奇怪地问,"你学了几年了,放弃它太可惜了。"

李明荣慢慢抬起头，眼睛已经湿润了："我也不想放弃，可爸爸妈妈不让我学了。"赵老师让李明荣坐下，耐心地说："来，跟老师说说是怎么回事。"

李明荣说，爸爸妈妈对他很好，在家里什么事都不让他做，吃的、用的都给他最好的，可他觉得一点都不开心。每天回家，除了吃饭睡觉，爸爸妈妈都在一旁监督着他学习，平时只要往电视机前一站，妈妈就说："我们为了这个家，在外工作不容易，你不能偷懒，要努力呀。"只要他有一点的不服从，爸爸就教训他："我们给你创造这么好的条件，花那么多钱让你上好学校，给你买书、买电脑，让你上这班那班，要是学习不好对得起谁？"李明荣觉得，在父母的眼里，因为自己上学花了他们的钱，让他们养育成人，就欠了他们很多很多，所以只能听他们的话，按他们的要求做，没有一点儿的自由和自尊。

"我想继续上美术班，可爸爸妈妈让我上计算机班，我和他们解释了半天、争取了半天。最后，爸爸急了，对我说，'你要去报班是我给钱，就得听我的'，我就再也没的说了。"李明荣望着赵老师，难过地说，"我真想逃离这个家，靠自己打工挣钱，这样，我就再也不用花他们的钱了，我就可以做自己想做的事了。"

李明荣的父母认为自己为孩子付出了很多，李明荣就要无条件地听从自己的吩咐，这是十分无理、霸道的想法。当下，很多父母都在有意无意地扮演着这种"武夫"角色：他们总把自己为孩子的付出、把为孩子花了多少精力和钱财挂在嘴边，希望以此给孩子一些鞭策、动力，实际上却成为孩子巨大的心理负担；他们觉得既然为孩子付出了，孩子服从父母的安排、按照父母的要求行事就是理所当然的，因此，在对孩子的教育和管理中往往态度冲动、急躁，方法简单、粗暴；他们只注重为孩子提供充裕的物质生活，只注重孩子的学习，而忽视孩子情感、心理和其他学习以外的需要，这是一种不理智的、片面的爱。

而父母这种不理智的爱，往往在无形中给孩子造成很大的精神压力，使孩子觉得自己在父母眼中没有地位、没有自我，活得没有自由、没有自尊，只是为了回报父母的付出、实现父母的希望而学习、生活。有些孩子会因此产生一种无助和惶恐，总怕自己达不到父母的目标而紧张、不安，生怕对不起父母、让父母失望，生活在负疚和无所适从中；有些孩子则会认为父母为自己的一切付出都是有目的的、功利的，是出于自己的私利，而根本没有为孩子考虑过，并用抗争、逆反来试图改变这种状况，甚至由父母的这种爱转为孩子对父母的抱怨、愤怒对立和痛恨，做出一些极端的事情来。

常常把付出挂嘴边的父母，除了表现自己的强悍之外，同时，也表现出他是个毫不自信、毫无智慧的人，因为自信的父母是从不刻意要求孩子的回报的，不需要通过提醒来限制孩子的自由，而智慧的父母懂得凡事都有度，过犹不及。

当然，让孩子知道父母的付出是必要的，这样，孩子才会珍惜来之不易的生活，才会懂得感恩。但父母不应把此当作一个话题而总挂在嘴边。如果父母能中庸一点，效果会更好。为此，给父母一些建议：

1. 父母的爱要理智

孩子不是父母的私有财产，而是一个独立的，有思想、有感情的人。父母为孩子的付出，是做父母应尽的义务和责任，而不是为了让孩子背负一笔永远亏欠的、无法偿还的债务。所以，父母要尊重孩子的人格、自尊，要关心孩子的心理和情感需要。

2. 尊重孩子的选择

父母要以平和的心态对待孩子的学习成绩、兴趣爱好。可以给予孩子一些指导，比如告诉他学习一门什么样的技能会非常有用，会对他的学习以至以后工作都有所帮助，建议他可以试着学学，但一定不要强制，也不要因此要求孩子放弃他原来的爱好。

3. 不要对孩子说"我给你花了多少钱""你看我多不容易""为了你……"

其实,父母的付出并不是为了得到孩子的回报,而只要父母是真心诚意地为孩子付出的,孩子不是"瞎子",是会看在眼里,懂得体谅父母的苦心的。

这些话最好不要和孩子说

在教育子女的过程中，有些话是不能说的。而这些话正是日常许多父母忍不住用来训孩子的，我们引以为戒。俗话说：良言一句三冬暖，恶语伤人六月寒。

那么，有哪些话是妈妈们不应该说的呢？

1. "有什么好哭的？"

实质：我觉得你的伤心没有意义，你的感受对我来说不重要。

危害：伤害孩子的自尊心，让孩子觉得自己没有价值。

场景：心爱的玩具车摔坏了，孩子号啕大哭起来。你哄了几句后，不耐烦地说："有什么好哭的，就是一个小车而已，你还有那么多玩具呢。"

分析：孩子可能是有很多其他玩具，但他此时此刻就是为这个坏掉的小车伤心。回想一下当年你失恋了痛不欲生的时候，如果别人跟你说，"没出息，还有那么多人可以给你介绍呢"，可以安慰你而让你觉得好受一些吗？

建议：承认孩子的痛苦是真实的，并让他感受到你的同情和关心。一般来说，当孩子的感受得到承认和同情的时候，他就会平静下来。这时给他一些别的建议，比如"试试另一辆车"或"干脆出去玩玩"，就可能被他接受了。

你可以这样说:"你的车子摔坏了,你很伤心,所以哭了。""我也不喜欢自己的东西被弄坏了。""让我们看看这个车子还可不可以修好。"

2. "再闹妈妈就不要你了。"

实质:利用孩子幼小需要成人照顾、依恋成人的心理和情感来威吓孩子就范。

危害:破坏孩子的安全感。没有对父母的爱百分之百信任的孩子,在面对外面的世界的时候,自信心会有问题。

场景:晚饭前,孩子一定要吃冰激凌,不给就满地打滚哭闹。你打开门,对他说:"你要是再闹,就出去,妈妈不要你这样的孩子。"

分析:愿望得不到满足就哭闹,是一时的行为问题,跟孩子是什么样的人没有关系,更与他因此而是不是你的孩子不相干。你威吓他,可能起到一时的效果,但他从此可能觉得,家庭不是不可分割的,父母也不是可以完全信任的,我必须不断讨好父母来保证他们对我的爱。

建议:就事论事,平等、理性地与孩子讨论,不要以父母的爱来勒索孩子。人舌头的前端就是感受甜味的味蕾,甜食确实带给我们愉悦以及能量。孩子平时吃点甜食,只要不吃太多、不太频繁,不是大事。吃饭前要吃甜食,往往是因为肚子饿了,又疲倦,格外经受不住考验,这种时候,没有必要太坚持原则,体谅一下孩子的感受,稍微让步一点也无妨。

如果孩子已经到了歇斯底里听不进去道理的程度,你可以这样告诉他:"我知道你很饿,所以想吃冰激凌。""坐起来,停止哭,妈妈给你一小勺。"(或者"你可以吃一小口。")"然后你把饭全吃了,我就给你这个冰激凌。"

3. "你不行的。"

实质:过分保护孩子,演变成对孩子能力的不信任。

危害:打击孩子的自信心。养成孩子轻易放弃的心态和习惯。

场景：三个幼儿园中班的小朋友在一起玩，东东和虎虎都爬到小区里的假山上去了，丁丁也要爬，你说："别别别，你不行的。"

分析：我们虽然不用再出去打猎谋生了，但是孩子从小能够灵活地攀爬跑跳，仍然是身体健康、生活幸福的一个保证，而孩子天性里就有去学习这种本领的愿望。你害怕孩子摔跤出问题而阻止他，一方面是剥夺了他学习这种技能的机会，一方面是让他觉得"连妈妈都不相信我可以做"，从而失去信心。当然孩子也可能做出相反反应：《海底总动员》里，尼莫的爸爸跟他说他不行，结果他干了什么？他逞勇去撞了游艇而被人抓走了，爸爸只好千里万里地又去把他找回来。

建议：说话之前先想清楚是孩子确实能力有限，还是自己有心理障碍。如果其他同龄孩子都可以做，而你的孩子没有什么特别的残疾或问题的话，放手让他去做。实在放心不下，就不要去鼓励，但至少让孩子自己决定是否去尝试。

你可以这样说："假山挺高的，你觉得自己可以吗？""小心一点。有问题的话就叫我，我在这里看着你们。""（孩子上了一半下来了）是有点危险，我很高兴你很小心。下次我们再试试。""（孩子成功登顶了）真棒，我都没想到你可以爬那么高。"

4. "妈妈没空陪你玩。"

实质：我对你在做什么不感兴趣。我的事情更重要。

危害：孩子觉得自己不受重视、不重要。影响孩子的自信。影响亲子关系，没有得到足够关注的孩子更容易出现纪律问题。

场景：孩子在自己房间里用积木堆了一个高高的城堡，跑来叫你去看看。你忙着上网跟朋友MSN聊天，头也不回地对孩子说："你自己玩去吧，妈妈忙着呢。"

分析：即使是全职妈妈也仍然应该有自己的空间和时间，上上网看看碟，妈妈心情愉快的话，孩子也高兴。但是，总是对孩子说"不"的话，孩子会觉得被忽略，一些孩子对此的反应可能是慢慢就不再来邀请你参加他的活动了，另一些孩子则可能以破坏行为来吸引你的注意。

建议：孩子幼小的时候，给他尽可能多的关注。能够来叫你去看他作品的孩子，大概也都上幼儿园了。那么在他回家后的时间里，尽可能地满足他的要求，因为，孩子需要我们密切关注的时间，也就那么几年。

你可以这样说："我正在忙，等我3分钟。""你的城堡有没有花园啊？给它加个花园然后妈妈过来看好不好？"

5. "有什么好害怕的？"

实质：不承认孩子的感受，不把孩子的话当回事，简单武断地解决问题。

危害：影响孩子的交流欲望和情感表达能力。

场景：孩子晚上忽然不要独睡，说有妖怪，害怕。你把他还是弄到小床上，跟他说："没有什么妖怪，没什么好害怕的！"

分析：2～8岁的孩子害怕夜晚是寻常的事情。有人说噩梦其实对提高孩子的认知能力有帮助。因此，当孩子说他害怕时，就当他是害怕。作为家长，你虽然不相信妖魔鬼怪，但还是应该承认他的感受。而他说出来，是在跟你进行交流，你一口否认他的想法，时间长了，他也许会养成什么都不告诉你或别人的习惯；等他长大了，他可能需要花大价钱去跟心理医生倾诉。

建议：聆听孩子的感受，鼓励他说出来，不要对他的想法进行对与错的判定，听，然后跟他一起商量个办法出来解决问题。

你可以这样说："你不要一个人睡是因为害怕妖怪吗？""这个世界上一般来说没有妖怪。""但你害怕的话，也许可以抱着这个恐龙玩具睡觉，妖怪看到恐龙都会逃跑的。"

实在不行的话，让他上你的床来睡吧，当然，只此一回，下不为例。

第 7 章

好孩子不是"疼"出来的

学会理性地"疼孩子"

"成龙成凤"是父母对孩子的殷切期望。因为大人总拿自己的经历与孩子进行比较,所以要给予孩子更好的学习条件,要给孩子最好的物质条件,要让孩子无忧无虑地成长,成为最优秀的人才。

我们对孩子的期望值永远很高,以至于很多时候总认为孩子的思想与行为应该和自己设想的一样。因而很多父母从孩子很小的时候就在开发他们的智力上下足了功夫,不惜购买价格不菲的智力开发教材,高价聘请家教,送孩子上补习班,唱歌、跳舞、钢琴等样样不落。

父母觉得孩子的兴趣是从小培养的,优秀的孩子当然也是从小培养出来的。为了让孩子将来在这个社会上立足,父母们理所当然地认为不能让孩子输在起跑线上。但是很多时候父母们却忽略了很重要的一点——孩子个人的体验跟你的想法并不一样。

我们按照自己的意愿要求孩子,如果孩子没有这样的意愿,父母们的意愿就成了一种强迫。这样,孩子就丧失了自主权,他的一生也就没有了自由,只能接受父母的强迫,结果要么是叛逆,要么是按照父母的意愿做事。但即便是服从,他们也绝对不会开心的。

有些父母看着女儿文静,就决定送女儿去学画画,断定文静的女儿坐得住、性子好，一定能把画画学好，以后可能就是出色的画家了；有些父母看着儿子好动，就决定送儿子学习武术；有人甚至觉得孩子太好动了，将来一定不好管教，于是送孩子去学钢琴，说是训练孩子的耐心，改变孩子的浮躁。

于是孩子总是被关在房间里，一个小时学画画，一个小时学钢琴，再一个小时还要做功课……父母望子成龙的心态在无形中给孩子套上了枷锁，让孩子想逃，让孩子产生厌烦的情绪，严重的甚至破坏了亲子关系。

有这样一户人家，每天下午6点半到7点之间，总会出现一个男孩哇哇的哭闹声。邻居们觉得事情很蹊跷，是不是父母虐待孩子了？还是孩子得了什么病？于是请小区居委会出面了解。后来才知道，原来是孩子学钢琴的时间到了，可是孩子死活不肯上钢琴课，对老师发脾气、砸东西，让老师也非常尴尬。爸爸妈妈见孩子这么不听话，只有打。用妈妈的话说就是"打醒这个不争气的孩子"。这一打，孩子更不愿意学了，哭得更厉害了。

强迫不是爱。父母们强迫孩子的真正原因其实是为了满足自己的心理需要，更是一种自私的表现。许多父母希望自己没实现的愿望能在孩子身上实现，当孩子被称赞时自己也有一种骄傲的感觉，可是这种骄傲只不过是满足了父母们的虚荣心。宽广不自私的爱，应该是让孩子去做自己喜欢的事情，做能够带给孩子快乐的事情。引导孩子深入探究自己的爱好，不是比强迫孩子做自己不想做的事情更有意义吗？

父母们在日常生活中是很容易发现孩子的喜好的。一起去公园玩耍，一起去旅行，一起去餐厅用餐，很多细节都能让父母看出孩子对哪些东西感兴趣和好奇，比如听见音乐会自己跳舞或者唱歌。对于孩子喜欢的，父母应该给予正确的引导，让孩子发挥出自己潜在的特长，鼓励孩子去学习，让孩子觉得你让他做的一切都是乐事，孩子当然不会有反感的情绪了。

现在很多孩子抗拒学习，抗拒去学校，父母连哄带劝希望孩子能够好好学习。若孩子还是不从，父母们只好采用强迫的方式。这样一来更容易引起孩子的反抗心理，也容易使孩子形成凡事忍受、接受、没有主见的性格特点。孩子即使有千百个不愿意，也无法左右父母的强迫。

给予孩子足够的空间，让孩子有自己的思想，有自主的权利，才会得到孩子心灵上的感恩与快乐。让孩子走自己的路，父母就应该相信自己的孩子，相信自己的孩子是最棒的。孩子不喜欢的事，父母们千万不要强迫他们去做。

那么，怎样才是真正的疼孩子呢？

1. 父母要做好榜样

孩子的模仿能力是很强的，父母一定要给孩子做一个好的榜样。对待孩子的课业，不能光说不做，光叫孩子做，自己却不做。比如你看书，孩子当然会乖乖地看自己的书。督促孩子学习，不能只指出孩子的错误，要耐心地告诉孩子错在哪里，怎样改正。

2. 不能过分宠爱孩子

父母对孩子不能过分宠爱，不能孩子要什么就给什么，这样很容易导致孩子自控能力差，没有上进心，缺乏战胜困难的勇气和毅力。生活中的很多小事情要逐渐让孩子自己去完成，如整理自己的书包、课本等。孩子做自己有兴趣的事就得鼓励孩子坚持下去，不怕苦不怕累，这样孩子才能享受到独自成功完成一件事情后的喜悦。

3. 对孩子期望不要过高

父母们都希望自己的孩子成才，但不能把自己所希望的强加在孩子的身上。让孩子做自己喜欢的事情就好。

帮孩子树立良好的金钱观念

小俊的父母都在国外,由爷爷奶奶带着他。为了弥补不能在小俊身边照顾他的愧疚,小俊的父母每月都打给他3000元的零花钱,还对他说:"我们不能在你身边照顾你,但爸妈不能亏着你,想要什么就买吧。"

小俊有了这么多钱,不是请同学吃饭、玩游戏就是乱买衣服,学习却一点不操心。心想,反正父母不管我,学习不好也都是因为他们不关心我,没什么大不了。

不能否认,现在有些父母确实工作压力很大,不能用足够的精力去关照子女。在这种情况下,这些父母就用金钱和放纵来弥补孩子情感上的缺失,但这有用吗?孩子真正需要的是一种精神抚慰与情感沟通,这些是物质所不能代替的。

有一位大企业经理,说他日理万机一点也不过分,但他时刻也没忘记自己做父亲的责任。一日三餐里,早餐应酬少,他就科学运用早餐这段时间,谈些孩子感兴趣的话题,听孩子倾诉,解答孩子的问题。家里来了客人,一般情况下都让孩子参与接待,使孩子从中了解自己的父亲。

这样,孩子非但没有和父亲生疏,反而更能理解父亲的艰辛,从而敬重父亲。

金钱的确可以弥补一些东西，但对孩子而言，过量的金钱却只能加速孩子的放纵，让孩子学会不劳而获，贪图享乐，甚至利用金钱做一些违法乱纪的事情。这时候，孩子本该具有的品德没了，却养成了纨绔子弟的各种恶习，岂不是得不偿失！

谁说父母不能亏着孩子？的确，父母不能忽视对孩子的教育，必须在他必要的时候给他安慰和鼓励，但同时也必须让孩子学会在困境中生活，让孩子学会独立，磨炼孩子的意志，让他们长出健硕的翅膀搏击风雨。而这些，是物质给予能达到的吗？若一味以金钱物质和保护来培养孩子，表达对孩子的爱，只能培养出放纵、自私又脆弱的孩子。

过于疼爱等于放纵

在许多父母眼中，孩子是最重要的，甚至是自己生命的全部，所以他们往往对孩子提出的任何要求都予以满足，一旦孩子发话，做父母的都会唯命是从。结果，孩子就会认为父母是怕自己的，养成了任性、霸道的不良品质，无视父母的存在。自然，对于父母的批评教育，更是不会放在心上了。

很久以前，一个财主老年得子。儿子在他心中就像一块价值连城的"宝玉"，备受宠爱。不管儿子提出怎样的要求，财主总会满足他。一天，财主喊儿子过来吃饭，儿子就是不来吃。财主就问："那你怎样才肯吃饭呢？"儿子说："我喜欢骑在你背上吃饭。"财主说："你都这么大了，骑在我背上吃饭会让人笑话的。"儿子却执意说："你要是怕人笑话，我就不吃饭了。"财主无奈，只好俯下身子，让儿子骑在背上，母亲则在一旁给儿子喂饭。

儿子渐渐地长大了。他喜欢上了附近一户人家的女儿，于是就跑到女孩家里，要求女孩嫁给他。虽然这个女孩的家境比较贫穷，但是她非常勤快。在她眼里，财主家的儿子根本就是一个霸道的地痞，自己是不可能嫁给这种人的。

于是，她嘲笑着财主的儿子："你看，你现在还骑在父亲背上吃饭，根本就是一个不能独立生活的人，我不愿意嫁给你。"财主的儿子听了女孩的话，虽然有些生气，但为了表达自己的心意，就对女孩说："那我从今天起，不再骑在他背上吃饭。如果你不相信，我就把我父亲杀死。"女孩以为他只是说笑而已，笑了笑走开了。

结果，当天晚上，财主的儿子回到家，气冲冲地来到财主房间，说："我喜欢上了一个女孩，但是她不愿意嫁给我，都是因为你！是你每天让我骑在你的背上吃饭，人家看不起我！为了表达我是真的喜欢她，我今天就要杀了你！"

这时候，母亲走出来说道："孩子，你不能杀害你的父亲啊！难道你不知道是他把你养大的吗？"儿子嚷道："我想杀就杀，你管不着！"

财主一听，目瞪口呆，瘫坐在椅子上，老泪纵横，用手捶着胸，说："都怪我自己，谁叫我那么迁就、放纵孩子呢。"于是，财主双眼一闭，再也没有睁开……

从以上故事中可以看出，迁就和顺从孩子的不合理要求，显然助长了孩子"自我中心"的意识。这种自我意识的无限膨胀，会使孩子变得越来越自私自利，完全不懂得感激父母，想干什么就干什么，根本不会听父母的话。

法国思想家卢梭说过，"你知道怎样使得你的孩子备受折磨吗？这个方法就是父母百依百顺。"也就是说，当孩子习惯于父母的迁就时，父母在孩子的眼中，仅仅是一个供他们差遣的"仆人"，甚至是满足他们无限欲望的"锦囊"。一旦父母不能满足孩子的物质欲望时，孩子就会给家庭带来危机，甚至是伤害，而这时父母在孩子眼里已经一无是处了。

因此，当父母觉得孩子丝毫不把自己的话放在心上的时候，就应该反省：是不是我们太迁就孩子了。果真如此的话，父母就应该尽快让孩子明白：在这个世界上没有人可以为所欲为，恣意妄为只能受到应有的惩罚。

溺爱会伤害孩子一生

父母的爱是天下最无私与伟大的爱,但是,请父母们把握好尺度,不要让溺爱娇纵了你的孩子。真正的父母之爱,是恰到好处的给予。

越是从小被父母娇惯、溺爱的孩子就越让父母操心。相反,那些从小吃过苦、没有享受过"娇生惯养"待遇的孩子往往让人省心。

唐美文的妈妈为了孩子的成长和学习,省吃俭用,节衣缩食,给她买各种玩具、电子琴、钢琴,请家庭教师,不让唐美文受一点点委屈,吃一点点苦……

唐美文高中毕业以后,妈妈把自己辛辛苦苦攒下来的15万元钱拿了出来,让唐美文到国外留学。

刚把唐美文送走一个星期,有一天妈妈下班回到家里,惊奇地发现,她的宝贝女儿居然在家里看电视,当时,她惊讶得下巴都快掉下来了。

原来,唐美文刚到国外,首先遇到的就是"语言不通"这一困难,她的那点英语水平实在是让人不敢恭维。再加上她在家的时候就不大懂得与人交流,所以,根本找不到一个可以帮忙的对象。所以,只要一遇到事情,她就只能手足无措地打电话回家哭诉。

最后,唐美文终于受不了,就买了张机票回来了……

看着自己娇气的"千金",这位妈妈欲哭无泪。到这个时候,她才明白,正是自己无节制、包办的爱,让自己的孩子变得如此无能,遇到问题没有办法自己解决,只会退缩回来求助。"如果让我重来,我一定不会再溺爱孩子了。"她后悔地对朋友说,"可惜,世间没有后悔药。"

在生活中,我们还经常发现,那些从小被父母宠惯了的孩子因为体会不到父母的艰辛,不理解父母的不容易,也就不懂得珍惜父母对自己的疼爱,以至他们不懂事、不听话,经常惹父母生气、让父母操心。仔细分析这些孩子,他们从小就被父母的爱包围着,父母不忍心让孩子吃一点苦、受一点累,什么事情都不舍得让他自己去做,有的甚至连自己应该做的事也由父母代劳,只要孩子一提出要求,父母总会尽量地去满足,哪怕是要天上的星星,父母也恨不得爬上去摘,否则,父母会觉得愧对孩子。有时,孩子犯了错误,父母也总是一味地宽容和原谅,不忍心去责备,就连跟别人吵了架,父母都会去找别人算帐,为自己的孩子"讨回公道",却从不认为自己的孩子有什么错误。

惠施和庄子都是魏王的好朋友。一天,魏王分别送给他俩一些大葫芦的种子,对他俩说:"你们把这些种子拿去种在地里,会结出很大的葫芦。比比看,究竟你俩谁种的葫芦大,到时候我还有奖赏。"

惠施和庄子都高兴地领受了,并去种在地里。

为了能种出比庄子更大的葫芦,惠施非常用心,而且,每天都施肥、除草。庄子的葫芦就种在不远的地方,但他从不施肥、除草,只是偶尔来看看,见没有什么异常,就自顾自做别的事去了。

过不多久,没想到,惠施的葫芦苗竟一棵一棵地相继死去,最后,一棵也没成活。而庄子的葫芦苗却长得格外好,慢慢地,都开花结了果,而且,正如魏王所说的那样,长出的葫芦都很大。

惠施觉得很奇怪,就跑来请教庄子:"先生,为什么我那么用心地栽培,所有的苗都死光了,而您从来都不曾好好地管理,反而长得那么好呢?"

庄子笑着答道:"你错了,其实我也是在用心管理的,只不过与你的方法不同罢了。"

"那你用的是什么方法呢?"

"自然之法呀!你没见我有时候也要去地里转转嘛!我是去看看葫芦苗在地里是不是快乐,如果它们都很快乐,我当然就不用去管它们啦。而你却不管它们的感受,拼命地施肥,哪有不死之理啊?"

"这么说来,还是我害了它们?"

"就是啊!你的用心是好的,可是你不用自然之法,怎么可能得到自然万物的拥戴呢?"

惠施恍然大悟。

孩子是一条终要出海的船,每一个家庭都只是暂时的避风港,船终究是要经历风浪的,这期间会遇到许多暗礁,需要孩子勇敢地去面对去承担,父母是无法代替的。

同样,锁在笼中的鸟飞入林中便会饿死,因为它们养尊处优惯了,以致失去了猎食的能力,它们习惯了依靠人类的喂养,即使林中有食也不知如何去获取。

"物竞天择,适者生存。"父母既然爱孩子,何不放飞孩子,让他们稚嫩的翅膀接受锻炼,去适应这个社会呢?

父母过分溺爱孩子,有以下这些危害:

1. 缺乏独立生活能力

由于父母不让自己的孩子做任何事情,有些独生子女已快上学了,还不能自己穿衣、洗脸。这些孩子胆小、依赖性强、适应能力差,同时缺乏独立思考和独立行动的能力。

2. 养成"以我为中心"的自私心理

由于父母怕自己的孩子受人欺负,所以,不让自己的孩子与别的孩子一起玩。使孩子变得利己,不关心别人,缺乏集体观念和共同责任感,不懂得友爱，处处以自我为中心。

3. 不知勤俭，却爱挑剔

过分溺爱孩子，会让孩子不知道金钱的来之不易，从而养成花钱如流水的"阔少爷"作风，对以后的成长带来负面影响。

由此看来，父母必须要懂得"溺爱猛于虎"的道理，规范自己的教育行为，做到爱有分寸，严慈有度，爱而不纵，严而不苛。这样，我们的下一代才会健康、快乐地成长。

不要阻止孩子的好奇心

当小民长到能够着桌子的时候,他就对妈妈经常使用的漂亮的针线盒起了兴趣。那天他踮起脚尖,涨红了脸,伸长肉乎乎的小胳臂去拿针线盒,才数了三下就够着了。小民兴奋极了,把盒子放在地上,自己也蹲下来,双手掰着盒子盖,想把它打开。这时,妈妈走过来见到小民在玩针线盒,马上大惊失色:"宝贝,那样太危险了!快给我放下!"

就这样,小民还没见到针长什么样儿,就被妈妈领到了安全地带。

现在的父母特别关心子女的一切。这个不让动,那个不让碰,生怕孩子有个闪失,但是,若处处顾虑到子女的"安全",反而不易培养起孩子的独立精神,这样,遇到事情,孩子就无法自己处理周围的事物。

当我们观察幼儿学步时,发现学走路的最初必然是一连串的跌倒,经过数次失败的体验,孩子才能逐渐掌握平衡的要诀,从而能够跨步而行。如果父母在孩子即将跌倒时,就伸出手扶持,反而让孩子须花费更多的时间才能学会走路。甚至,不慎跌倒之后也不敢自行站起,而伸手等待旁人的帮助。

其实孩子天性好动,碰这碰那完全是正常的举动,只要在旁确保他不会伤害到自己就可以了。而且,即使偶尔受点小伤,出点小意外也是无大碍的，这样他会累积生活点滴，形成自己的经验。我们小时候经常爬树，在现代父母眼里，是非常危险的，然而对于小孩子而言，却是一件极富冒险价值的事件。首先，先观察整株树，以判断自己是否有能力攀爬，如果认为可行，接着就设想下一个步骤，譬如哪个部位可以作为踏脚点，哪个枝干可以支撑自己体重。一旦有把握攀登此树，就会决心行动。当然也可能有跌落之虞，而此举正是因自己疏忽所致，在下一次攀爬树木时，就自然轻车熟路。

如果孩子稍有冒险的举动，大人们就大惊失色地喊"那样太危险了"，使孩子远离"危险"，那么他们如何才能长大呢？

培养有担当的孩子

小玲从学校回来，一副垂头丧气的样子。

"怎么啦？"小玲的妈妈爱怜地问道。

"今天体育课我们玩传球，一传到我这儿我就弄丢，同学们都笑我了。"

"小玲，没关系。"小玲的妈妈愤愤地想：才一年级就玩这个，孩子当然不会了。然后她决定安慰小玲一下："不能怪你，这太难了。"

小玲的妈妈倒是宽容又开明。但一片好心并不一定能正确地教育孩子。例如有时宽容的父母看到孩子不理想的考卷时常说"不能怪你，考题太难了"。孩子因没考出优异的成绩而苦恼，父母这么说也只是为了安慰孩子。

对心理比较脆弱的孩子，这样说一次两次尚可，但若总这样说，实际的效果可能会适得其反。有责任心的孩子，听了父母的话并不会原谅自己，因为考试题目并不太难，没考好是因自己没有发挥出应有的水平。对学习得过且过的孩子，听了父母的话，也不会反思没有考好的真正原因。

孩子受挫失败，家长理所当然要安慰，要鼓励。可以分析主客观原因，但不要替孩子开脱，好像他一点问题也没有，否则孩子将不会主动地改正错误。

我们有责任教会我们的孩子以正确的生存方式、方法和态度对待生活。

我们可以经常让他们看一看自己面对着什么问题，然后问他们："该怎么做？"用这样一个简单的问题来指导孩子去分析眼前的事情。孩子很爱动脑筋，随着年龄的增长他们会更好地思考该怎么做。做父母的应利用孩子这一特点，训练他解决问题、克服困难的能力。若你只是简单地对他们抱以宽容，说"哦，这不是你的错"，他们也就很难再正视自己的问题。

更糟的是，孩子还可能养成推卸责任的恶习。考不好，怪题太难；唱不好，怪音调太高；事情做不好，又怪客观条件没有具备……反正账是永远算不到自己头上。

所以，不要对孩子过分怜悯，不要让他们觉得自己没有任何错，不要让他们觉得自己无论做任何错事都会得到父母的宽容，更不要轻易向孩子的要求妥协。

拒绝孩子的不合理要求

张亚给孩子们定了规矩,就是晚餐后只能吃一块饼干。然而,妈妈注意到俩孩子今晚一直跑来跑去的,很难安静下来去睡觉。今天晚上很特别,因为张亚有个朋友来访,孩子们觉得好像在举行聚会,两个孩子兴奋地跑到妈妈身边,要求说:"我们可不可以吃两块饼干?"

"嗯……我通常只允许你吃一块。"

"妈妈,求您了!"儿子要求道,"我会乖,我不会太过分的!"

"好吧!"妈妈说,微笑地看着两个孩子,"这似乎是一个特别的晚上,对不对?"

"对,非常特别!"他们两个都赞同地说。

"行,那么,"妈妈说,"特别的今晚有特别的招待,给你们两个每人两块饼干。"妈妈给了他们饼干。在他们离开前,她轻轻地拍着两个儿子的肩膀,并且微笑地说:"要记住喔,就这一次。"

就这样,张亚答应了孩子们的要求。她还强调就这一次,但是孩子们却不会这么想,这次妈妈向他们妥协了,那么下一次他们还会这么要求,还会等妈妈再次妥协为止。谁叫他们已经有过一次"胜利"的经验呢?

作为家长,我们应当从以下几个方面尝试,学会拒绝孩子的不合理需求。

1. 在孩子面前一定要坚持原则

对孩子做出的承诺一定要兑现；孩子做错了事，可以给予一些惩罚；当孩子向我们提出合理要求时，尽可能答应；当孩子提出不合理要求时，我们就须坚持原则。只有这样，孩子才能感受我们的权威，并逐渐懂得是非，进而形成正确的价值观。

2. 给孩子树立榜样

当我们拒绝孩子的不合理要求时，如果孩子出现耍赖现象，那么我们不仅要坚持原则，还要反省自己的教育方式。同时思考自己以前是否有过相应的承诺，如果有，要当面向孩子认错，给孩子树立榜样，千万不要让孩子抓住我们的"把柄"，也不要因为孩子耍赖就对孩子严厉训斥。

3. 学会"冷处理"

如果我们在拒绝孩子的无理要求时，孩子以哭闹要挟我们，那我们可以采用"冷处理法"，让孩子一个人待在房间里，只要能确保孩子是安全的就不要理会孩子的哭闹。当你和孩子都冷静下来后，再简单说明自己拒绝的理由，让孩子明白为什么不能这样做。当孩子明白你的态度时，也就不会再纠缠不休了。而且孩子在下次遭到拒绝时，也就不会再采用哭闹这种"无效"的办法了。

4. 转移孩子的注意力

在大庭广众之下，对于孩子提出的不合理要求，我们应当妥善处理。如果孩子执拗于不合理要求，并在大众场合哭闹，父母应该吸引孩子的注意力，给孩子说一件有趣的事，如外出游玩、制作模型等，转移孩子的注意力，孩子就会在不知不觉中放弃原来的行为或愿望。

向越位的行为说 No

每个人都有属于自己的一块自留地，孩子也不例外。可是，很多父母并没有意识到这一点，他们总是贸然侵犯孩子的领地，一味地要求孩子按照自己的意愿行事。如此剥夺孩子的亲身体验，对孩子非但没有帮助，还可能会引起孩子的逆反心理，更有甚者，孩子可能会因为父母的"霸道"而迷失了自我。

呜呜今年 15 岁。从上小学的第一天起，母亲就把关注的目光倾注到儿子身上，全身心地培养孩子，希望他学习成绩优秀，将来拥有好的前程。一直到小学毕业，这位母亲每天都坚持给孩子布置作业，检查预习，制定复习计划……从未间断过。在小学期间，孩子的学习成绩虽不是特别优异，但还是令母亲满意的。

升入中学之后，母亲想逐步放开手脚，让孩子"慢慢适应中学生活，养成良好习惯"。可是，这位母亲发现：在没有父母监督的情况下，孩子根本就无法进入学习状态。新课不知预习，旧课不知复习，作业不主动完成，就连坚持记载了六年之久的"错题本"也不见踪影了。一句话，孩子学习十分被动，跟不上正常学习的节奏，成绩一落千丈。母亲十分痛苦：已经是中学生了，为什么还不懂事？为什么还不知道独立学习？这样的孩子，

让人操心到什么时候啊！

"学习全凭自用心。"牛不吃水强按头，是很愚蠢的做法。透过案例，我们不难发现：在这个家庭里，母亲老是越位，把本该孩子做的事情，全部包揽了，孩子只是一台机械的、被动学习的机器。由于母亲的"越位"，孩子自动"脱位"，找不到学习的激情和乐趣了，尽管他的学习成绩还能令母亲感到满意，但是，那是有外部作用力的结果。一旦外部作用力消失，孩子就会孤立无援，无所适从了。透过案例，我们也可以看到这个孩子身上的惰性比较强，自制力、主动性和毅力都比较差。试想，在温室里精心培育的花朵，怎么能适应多变的自然气候呢？在母亲翅膀下长大的孩子，又怎能突然适应没有保护的生活呢？

父母替孩子做得越多，孩子就越笨拙、懒惰；父母越是娇惯，孩子就越发无能、越发被动。学习是需要孩子自觉参与的创造性活动，没有孩子的主动参与，别人再怎么着急，都只能是干瞪眼。期待孩子的觉醒、期待孩子的变化才是我们所希望的。

父母出于对孩子的爱，担心孩子吃亏受苦，凡事总替孩子包办代替。除此之外，父母在家庭教育中的越位现象还表现为：对孩子的期望值过高，片面关注孩子的分数而忽视孩子的兴趣、特长。

现实生活中，许多父母片面地关注孩子的分数而忽视孩子的兴趣，就是"赢得过去，忽视未来"，这种做法是很危险的，是违背教育的目的和做父母的责任的。父母期望孩子早日成才，期望孩子出类拔萃，这种心情本是可以理解的，但千万不要在教育孩子的过程中，怀着不切合实际的过高期望而走向极端。父母总是以成人的心态和眼光看待孩子的内心世界和能力，对孩子的能力发展、情绪状态，心智方面等作出过高的评价，提出过高的要求，不切实际地急于求成。父母的这种心态和做法促使孩子进入了一种怕失败的高压状态，导致他们精神上、心理上陡增紧张和焦虑情绪。

要知道，父母可以替孩子设计一时之路，但父母无法替孩子设计一生，孩子的路，需要孩子自己选择，孩子的未来，需要孩子自己把握。关心孩子，请把握好爱的尺度，不要越位。尊重孩子，请给孩子成长的空间，让孩子在自然的阳光下快乐长大。一个只知道学习的"高分孩子"的一生会快乐吗？答案是否定的。所以，父母不要把注意力老是盯在孩子的学习成绩上，否则，只能累坏父母、累坏孩子。

总之，作为合格的父母，应给予孩子的最美好的东西——教会他们生存、生活以及创造的能力，而不是越位，不是包办代替。